뉴욕
그리다, 빠지다, 담다

뉴욕
그리다, 빠지다, 담다

글·사진 **박아람**

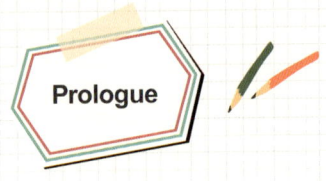

Prologue

오늘도 1불짜리 커피에 행복해 할 나를 상상하며 배낭을 짊어지고 집을 나선다. 배낭에는 3년 전 추수감사절 새벽 세일에 얼떨결에 구입한 성능이 별로인 카메라와 수첩, 볼펜 그리고 벌써부터 한편이 찌그러져버린 샌드위치 한 조각이 이리저리 굴러다닌다. 운동화는 필수. 맨해튼으로 향하는 버스를 기다리면서 잠깐의 여유를 가져본다.

오늘은 어디부터 보지? 나름 동선을 가장 짧게 만들어 보지만 역시나 발품을 팔아야 할 게 뻔하기에 대충 머릿속에 그려보고는 만다. 오늘은 부지런히 걸어서 꼭 세 군데를 봐야지. 욕심을 내어본다. 즐거운 욕심이다. 시키는 공부를, 주어진 일을 열심히만 하던 나에게 어느 순간 찾아온 이 반가운 자유의지(?)는 이상토록 나를 흥분시켰다.

인생이 내 맘대로 이루어진 적이 있던가. 한 가정의 자녀로, 대한민국의 청소년으로, 또 입시지옥을 거치고 황폐해진 가슴을 가진 이 시대의 의지 없는 대학생으로. 시키는 대로 열심히만 살아온 나에게는 인생을 마음대로 그려볼 자유의지가 없었다. 그런데 정말 드라마틱하게도 영화에나 나올 법한 일들이 내게 일어난 것이다. 우연히 가게 된 파리여행에서 미술관의 '미'자도 모르던 내가 사진 한 장 찍겠다는 욕심으로 찾아간 곳이 루브르 미술관이었고, 그들의 대단한 문화에 입구에서부터 가슴 찌릿한 감흥을 받았다. 자석처럼 이끌려 마치 애니메이션 속에 좀비처럼 정신줄을 놔버린 나는 이전까지 나를 에워싸고 있던 사회의 굴레에서 완벽히 자유로워졌다.

모든 파리일정을 취소하고 루브르에 출근하다시피 하면서 써 내려간 노트만 해도 5권. 뭘 적는지도, 어떻게 적는지도, 왜 적는지도 생각할 틈이 없었다. 그저 나에게만 멈춰버린 듯한 시간 속에서 과거에서부터 이어진 공간의 특별함과 시각의 향연이 주는 분위기에 취해 난 미술을 만났다.

말주변 없는 조용한 한국의 평범한 소녀가 미술을 만나 가지게 된 고마운 자유의지는 그녀를 담대하게 만들어 주었고, 완벽한 자유의지를 가지고 세계 속의 미술을 두드리기 시작했다.

그녀가 첫 번째로 향한 곳은 뉴욕이었다. 틈틈이 쉬는 날을 열심히 쪼개 시간을 만들어 두고, 조금 일찍 일어나 글을 정리하고, 또 어떤 날은 도서관에서 하루 종일 글을 쓰기도 했다. 누가 시키지도 그렇다고 누가 검사하는 것도 아니었지만 진심을 다했고, 또 진실로 행복했다.

그러면서 맨해튼을 내 두 발과 두 눈과 온몸으로 느끼고 체험했다. 내게 부여된 사회적 잣대에서 완벽히 벗어나 가장 솔직한 모습으로 맨해튼의 일부가, 그리고 미술의 일부가 되어 본 것 같다. 미술을 감상하는 그 공간과 시간 속에 나는 이미 내가 아니다. 나는 미술이다. 나를 미술로, 그리고 예술의 일부로 만들어 준 그 시간에 감사하고 또 열망한다.

부족하지만 진심과 열정을 다해 그 시간을 글로 표현하고자 했고, 이런 나의 작은 글들을 통해 내가 느꼈던 그 솔직하고 자유로운 미술여행이 독자들에게 전달되었으면 하고 소망한다.

그리고 누군가에게는 5번가 명품 패션거리, 타임 스퀘어의 현란한 네온사인이 먼저 그려지는 뉴욕이겠지만, 그 예전 누군가에게는 경이로운 기회와 자유의 땅이었던 뉴욕이었음을 기억하며 곳곳에 숨겨진 문화적, 역사적 가치를 되새겨 보았으면 하는 바람도 덧붙인다.

이 책을 출간해주신 도서출판 무한의 손호근 대표님과 박수진 편집자님
께, 넘치는 자유의지를 만들어준 내 제2의 고향 사랑하는 뉴욕에게
무한한 사랑과 격려로 용기를 북돋아준 나의 소중한 가족에게
그리고 매 순간 나와 함께 하신 하느님께
감히 감사의 말씀을 드린다.

박아람

contents

4.. 프롤로그

Downtown Manhattan
1장 꾸 밈 없 이 투 박 하 다

26.. **6불로 만나는 값진 자유, 그 자유에 감사하다**
유대인 문화유산 미술관

34.. **자연에 대한 그리움을 연주하다**
국립 아메리칸인디언 박물관

42.. **그 높고 곧은 당당함에 힘을 얻다, 뉴욕의 빌딩**
고층건물 미술관

48.. **미국의 이민역사와 함께 해온 중국인들,
그들만의 자긍심을 엿보다**
중국 미술관

54.. **복원된 아름다움에 취하다.
차이나 타운 한구석의 유대교 기도회당, 시너가그**
엘드릿지 스트릿 미술관

62.. **점심 때 공짜 파스타가 생각난다면 리틀이태리로…**
이탈리안 아메리칸 미술관

66.. **작품이 없는 미술관 or 작품이 다인 미술관**
뉴 뮤지엄

72.. **인간 최고의 경지에 다다르다, yab-yum**
티베트 하우스

80.. **찬란한 동양의 아름다움을 만나다**
루빈 미술관

86.. **폴락에 지친 나를 일깨우다, 장 미오테**
첼시 미술관

Chelsea Art Museum

Onassis Cultural Center, OCC

coffee

2장 감각적이되 가볍지 않다
Midtown Manhattan

96.. 중세의 심장, 성십자가를 영접하다
　　모건 미술관

104.. 미디어를 전시하고 소장하다,
　　세계 최대의 소장품을 자랑하는 미디어 센터
　　페일리 미디어 센터

110.. 오래된 역사 속 한 시대를 풍미하다
　　오나시스 문화센터

118.. 관람객이 작품이 되는 미술관을 말하다
　　뉴욕현대 미술관

152.. 거장들의 발자취를 따라가다
　　뉴욕 예술학생연합

158.. 이상한 나라의 엘리스가 되다
　　디자인 미술관

168.. 서양에서 보는 동양미술
　　아시아 소사이어티

172.. 강인하고 솔직한 아메리칸 모더니즘
　　휘트니 미술관

3장 부드러운 제스처가 좋다
Uptown Manhattan

184.. **특별한 저택의 주인이 되어 본다**
프릭 컬렉션

200.. **천상의 아름다움**
메트로폴리탄 미술관

230.. **천상의 색과 절대적 고귀함이 있는 곳**
노이에 갤러리

236... **건축이 이야기한다**
구겐하임 미술관

244.. **조용한 업타운의 오전에 즐기는 차분한 커피 한잔**
유대인 미술관

248.. **혹시 뉴요커이신가요?**
뉴욕시 역사박물관

254.. **업타운의 숨겨진 비밀의 정원**
바리오 미술관

4장 · New York, and... 달라서 신선하다

262.. **지하철로 두 정거장 from 모마**
모마 PS1

266.. **조각에 생명을 불어넣는 곳**
조각센터

272.. **즐거운 하모니가 있는 동네, 브루클린에 가다**
브루클린 미술관

280.. **공기마저 다르다.**
하늘과 강, 자연 그리고 예술이 하나가 되는 곳
클로이스터스 미술관

304.. **부록. 뉴욕미술관 입문하기**
    1. 지원부서 파악하기
    2. 영문 레쥬메 쓰기
    3. 영문 에세이 쓰기
    4. 추천서 받기
    5. 영어 인터뷰
    6. 영어가 관건이다

338.. **에필로그**

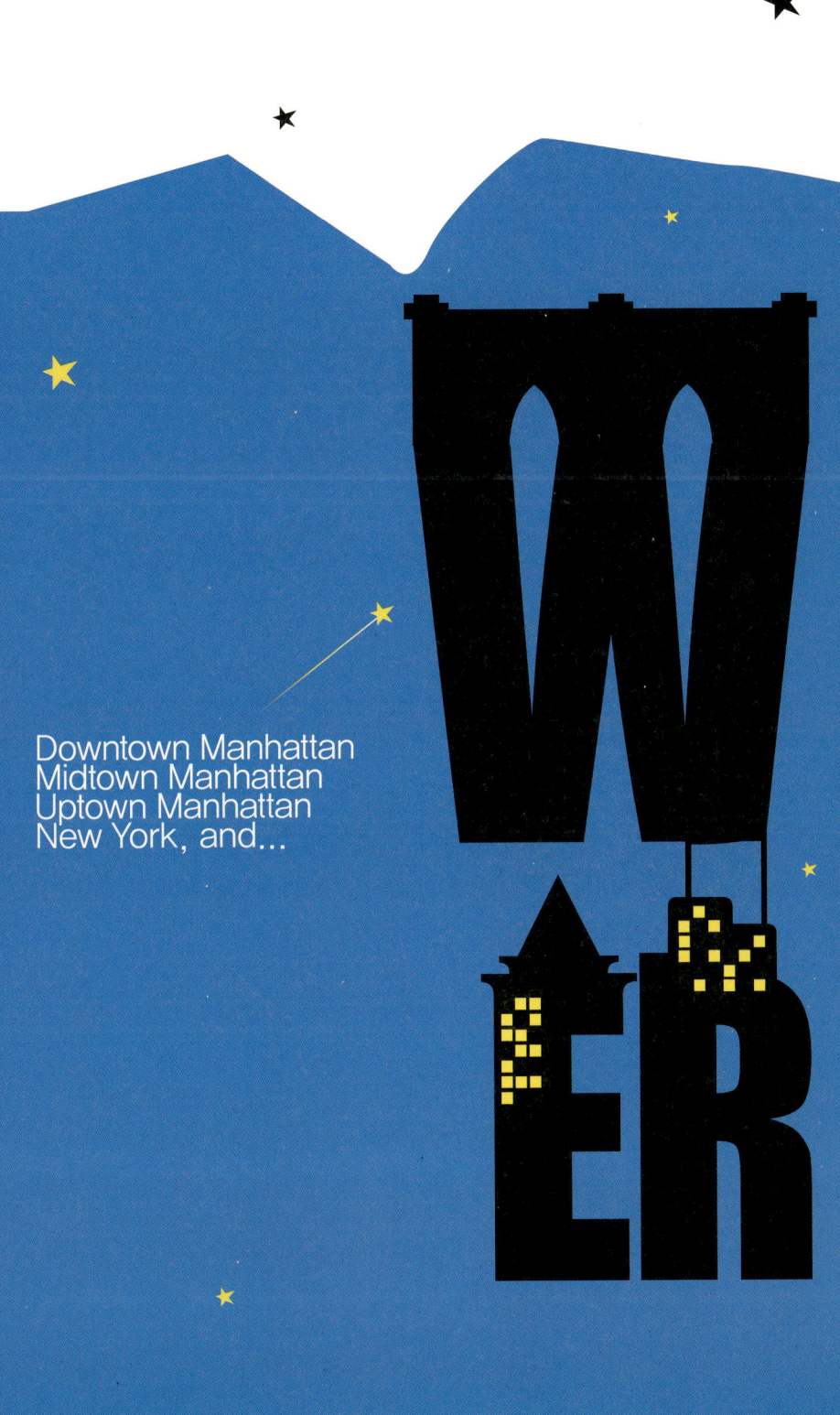

나는 아트 뉴요커 Art New Yorker 다

K-Pop이 뜨고, 한식바람이 불고, 놀랍게도 싸이가 세계를 강타하면서 우리는 미디어에서 이런 말들을 심심찮게 접하게 된다. 'K-POP 뉴욕에 진출하다', '한식 뉴요커를 사로잡다', '싸이 뉴욕 락카펠라 프라자 Rockefeller Plaza에서 공연하다' 등 하루가 멀다 하고 미디어에서는 한국이 뉴욕에서 어떻게 입증 받았는지를 보도한다. 아마 '뉴욕'과 '뉴요커'가 빠지면 대단하지 않은 게 되는냥 말이다. 그럼 뭐가 그리 대단하길래, 그 단어가 도대체 무엇이기에 뉴욕에 '뉴'자만 들어가도 법과 같은 강력한 효력을 지니게 되는 것일까. 뉴욕의 힘은 실제 하기는 한 것일까. 혹시 동경이 만들어 낸 환상에 불과한 것은 아닐까?

뉴요커에 대한 동경을 불러일으킨 주범은 뭐니 뭐니 해도 미드 '섹스 앤 더 시티'일 것이다. 한때 선풍적인 인기를 끌면서 드라마 속 4명의 뉴요커의 일거수일투족은 뉴요커의 삶을 대변해 주다시피 되어버렸다. 드라마 속 주인공들은 늘 화려한 옷을 입고, 스타벅스에서 커피를 마시고, 럭셔리한 브런치를 즐기고, 좋은 직장에 좋은 집에서 산다.

그런데 과연 이런 삶이 몇 퍼센트의 뉴요커들에게 가능한 것인지는 의문이다. 대부분의 뉴요커는 택시가 아닌 버스와 지하철을 탄다. 화려한 옷이 아니라 놀랍게도 검은색의 점퍼나 수트를 입는 사람이 더 많다. 스타벅스의 비싼 커피도 있지만 길거리에서 파는 1불짜리 커피와 베이글을 먹으려고 줄을 서기도 한다. 럭셔리한 브런치나 런치보다는 집에서 도시락을 싸다니는 직장인도 흔하다. 길에서 1불짜리 커피를 마실지언정, 도시락을 넣은 가방이 뒤집어져 샐러드 국물이 흐를지언정 뉴요커들은 언제나 당당하고 이를 당연시 여긴다.

반면 우리나라 직장인이 만약 도시락을 싸 다닌다고 생각해보자. 지지리 궁상이라 사람들이 수군 댈지도 모른다. 게다가 김치 국물이라도 흘린 날엔 정말 끝이다. 물론 김치 국물과 샐러드 국물을 비교하기에는 좀 어려움이 있지만 나는 이 비교에서 인식의 차이를 말하고 싶다.

나를 위한 삶과 남에게 비춰지기 위한 삶. 사실 비싼 점심값에 도시락을 싸다니고 싶다는 생각을 해보지 않은 사람이 있을까. 마음은 굴뚝같지만 우리 사회구조에서 그 생각을 실천으로 옮기기란 여간 어려운 일이 아니다. 어쩌면 불가능한 일일지도 모른다.

하지만 내가 본 뉴욕에서는 달랐다. 혼자서 당당히 도시락을 싸와서 먹을 수 있는 사람들이 사는 곳이 뉴욕이었다. 나를 위해 준비한 조촐한 도시락을 당당히 꺼내 혼자 먹을 수 있는 정신이 아마 진정한 뉴요커의 정신이 아닐까 생각해본다. 그리고 우리는 단순히 뉴욕과 뉴요커를 동경하는 것이 아닌 그들이 당당하게 누리는 그 자유를 동경하는 것이다.

개인의 자유를 존중하는 도시가 뉴욕이고, 그 자유 속에서 열정적으로 당당하게 살아가는 이들이 바로 뉴요커이기에 나는 뉴요커가 되고 싶다. 단순히 뉴욕이라는 도시에 사는 사람이라 뉴요커가 아니다. 멋진 옷에 비싼 커피를 마셔서 뉴요커가 아니다. 자유의지를 가지고 성공하든 실패하든 자신의 삶을 용기 있게 개척해 나가는 열정이 있기에 뉴요커다. 내게 있어 열정은 미술이었고, 미술을 통해 난 용기 있는 사람이 되어 갔다. 여전히 미술 말고는 용기 낼 줄 모르는 바보이지만 그래서 나는 아트뉴요커 *Art New Yorker*다.

뉴욕, 그리고 뉴욕미술을 정의하다

'뉴욕을 아십니까?'라고 묻는다면 대부분의 사람들은 당연하게 안다고 대답을 할 것이다. '뉴욕 안 가본 사람 있어?'라며 이 질문에 코웃음 치는 사람도 있을지 모르겠다. 많은 사람들이 뉴욕 여행을 떠났고 떠나고 있다. 관광의 메카, 패션, 문화의 선두 도시. '고대에 로마가 있었다면 현대에는 뉴욕이 있다'라는 오만한 발언에 딱히 뭐라 할 말이 없는, 그런 곳이 뉴욕임은 분명하다. 당연한 결과로 이 오만 방자한 도시에 대한 수 없는 많은 기행문이 나왔고 또 뉴욕미술을 말하는 많은 사람들이 생겨났다.

잘 알다시피 뉴욕은 사실 미국의 50개의 주중 한 개의 주 이름이다. 정확한 명칭은 New York State. 대한민국의 토지면적보다 넓을 것 같은 땅덩어리. 그런데 그 넓은 땅덩어리가 그중 단 한 개의 도시에 불과한 맨해튼으로 대변된다. '뉴욕' 하면 자동적으로 맨해튼을 떠올리는 것이 그리 이상한 일이 아니니 말이다. 그럼 뭐 그리 그곳이 특별하기에 일개 도시인 맨해튼이 뉴욕주를 대변하는 걸까.

맨해튼은 지리적으로 다운타운, 미드타운, 업타운으로 나누어지고, 그 외의 외곽지역과 구분된다. 이 지리적 분류는 자연스레 각 지역의 고유한 특성을 형성하게 되었다. 마음만 먹으면 다운타운에서부터 업타운까지 하루만에도 휙 돌아볼 수 있는 생각보다는 대단히 넓은 면적은 아니지만, 고유의 다양한 색을 가지고 있음은 틀림없다.

Downtown Manhattan 다운타운에 가면 맨해튼 특유의 역동적인 힘이 느껴진다. 허드슨 강 Hudson River과 맞닿은 다운타운 끝자락의 배터리 파크 Battery Park에 앉으면 저 멀리 석양에 반짝이는 강물과 그 강물

너머로 보이는 자유의 여신상, 그리고 온몸을 감싸는 자유와 희망의 메시지가 나를 흥분시킨다. 기회의 땅, 뉴욕으로 향했던 수많은 이민자들의 삶에 대한 열망과 기대감이 허드슨 강물에 아직도 고스란히 베여있는 듯하다. 그들의 열망은 다운타운을 무서운 속도로 발전시켰고 이곳 다운타운의 수많은 건물은 그들의 땀의 산물이다.

세계경제의 중심인 맨해튼의 월스트리트 Wall St.에는 높고 곧은 빌딩들이 겹겹이, 그리고 빼곡히 자리하고 있다. 단 한 평의 땅도 헛되이 쓰지 않겠다는 이민자들의 의지를 반영이라도 하듯이 말이다. 월스트리트의 상징은 단연코 싸우는 황소와 곰이다. 치솟는 가격을 의미하는 황소와 그 가격을 누르려는 곰, 이 두 성질의 투쟁이 세계금융을 좌지우지한다. 가격을 올리려는 자와, 내리려는 자의 끝없는 투쟁이 있는 곳이다.

Downtown Art 뉴욕 항구에 도착한 이민자들은 이곳에 이민 초기부터 다양한 문화를 정착시켰다. 덕분에 다운타운에는 다양한 문화단체들이 과거의 이민자들이 떠난 지금에도 여전히 이곳 다운타운을 지키고 있다. 다운타운의 미술은 미드타운의 대표적 명소인 뉴욕현대 미술관 Museum of Modern Art, MoMA처럼 유럽적 성향이 가미된 뉴욕 현대 미술이나, 업타운의 대표적 명소인 메트로폴리탄미술관 Metropolitan Museum of Art, Met처럼 뉴욕 상류층의 세련된 미술을 말하지 않는다.

다운타운의 미술은 솔직하고 꾸밈이 없다. 모던하고 세련된 맛은 없지만 올드하면서도 투박한 맛이 있다. 이민자들의 땀과 힘이 느껴지는 미술, 그리고 그 속에 틈틈이 자리한 젊은 뉴욕미술을 만날 수 있는 곳. 다운타운 맨해튼이다.

Midtown Manhattan 세계 최고의 엔터테인먼트 명소인 42가의 타임 스퀘어Time Square가 미드타운을 시작한다. 잠들지 않는 도시City That Never Sleeps를 대변하는 현란한 타임 스퀘어의 네온사인은 현대뉴욕을 상징하고 타임 스퀘어를 메우는 크고 작은 건물들과 극장 거리인 브로드웨이Broadway, 그리고 옐로캡의 향연은 시각적으로도 또 감각적으로도 즐거움을 준다.

혼자서 샌드위치 한 조각쯤은 먹어봤을 브라이언 파크Bryant Park, 예의상이라도 올라가서 책 한번쯤은 펼쳐봤을 뉴욕공립도서관New York Public Library을 이어 락카펠러 센터Rockefeller Center, 라디오 시티Radio City, 뉴욕현대 미술관, 명품거리 5번가, 센트럴 파크Central Park까지 뉴욕의 미드타운은 관광 메카로써의 뉴욕을 고스란히 보여준다. 가장 상업적이면서도 가장 대중적인 디스트릭이다.

Midtown Art 미드타운의 미술은 전 세계 현대미술의 심장이다. 휘트니 미술관, 뉴욕현대 미술관 등의 일거수일투족은 전 세계 미술시장에 민감한 영향을 끼치고 그들이 하면 우리도 한다와 같은 암묵적인 동의가 이루어진다.

이곳의 미술은 젊지만 어리지는 않다. 감각적이되 가볍지 않다. 유럽적이되 가장 아메리칸적이다. 미국의 현대미술을 볼 수 있는 곳, 미드타운 맨해튼이다.

Uptown Manhattan 센트럴 파크를 가운데에 끼고 펼쳐져 있는 업타운은 여유와 기품이 넘친다. 유명 미술관이 밀집되어 있는 뮤지엄 마일Museum Mile을 비롯해서 부호들의 대저택과 맨션이 줄지어져 있다. 곳곳의 명품 부티끄와 고급 레스토랑, 그리고 럭셔리한 카페 등은 삶의 여유를 만끽하게끔 한다. 철마다 색을 달리하는 센트럴 파크가 뿜어내는 신선한 공기와 사람들의 여유로움에 업타운 맨해튼에 오면 저절로 발걸음이 느려진다.

Uptown Art 이곳의 미술은 한 잔에 10불 정도 하는 고급 커피 같다. 근사한 레스토랑에서 팁을 포함한 엄청난 서비스 수수료를 지불함에도 불구하고 10불짜리 커피를 마시는 이유와 업타운 미술을 보는 이유는 같다. 물론 커피 자체의 맛을 즐기려는 이유도 있고, 커피 맛도 단연코 훌륭하다. 하지만 그 커피를 마시는 더 큰 이유는 감미로운 커피의 향과 그 향에 취할 수 있는 여유로운 시간 때문이라 생각한다.

발걸음이 자연스레 느려지는 업타운의 미술관들은 그 자체가 뛰어난 미술작품이다. 마음이 여유로운 사람들의 부드러운 제스처가 좋은 곳, 업타운 맨해튼이다.

New York, and… 맨해튼과 가깝지만 그들만의 독특한 특징을 가지고 있는 맨해튼 외곽지역은 달라서 신선한 곳이다. '이렇게 가까운데 이렇게 다를 수 있다니'라는 생각이 드는 곳. 들쑥날쑥 한 개성이 가득한 곳이다.

Art 이곳의 미술은 정의가 힘들다. 정의를 내리기에는 아직 그 구성이 빈약하고 함께 그룹지어도 될 만큼 성격을 같이 하는 미술관의 수도 적다. 하지만 각 미술관의 미술은 그만의 특유한 향을 머금고 있다. 이곳의 미술은 예측이 불가해서 더욱 기대된다.

29개의 뉴욕 미술관을 여행하다

갈 곳 많고 볼 것 많은 뉴욕에서 왜 하필 미술관을 여행하는 것일까. 휑한 벽에 덩그러니 걸려있는 미술작품을 도대체 어떻게 봐야 하는 것일까. 많은 사람들이 한번쯤은 생각해 봄직한 질문이다. 미술관은 잘 차려 입은 사람들이 아는 척이나 하려고 가는 곳일 지도 모른다는 약간은 위험한 선입견이 만들어 낸 이 두 가지 질문에 대한 답을 시작으로 뉴욕의 29개 미술관 여행을 떠나 볼까 한다.

왜 하필 미술관 여행인가?
편하니까.
미술작품을 어떻게 봐야 하나?
혼자 보면 된다.

Why Museums? 미술관은 일단 실내다. 살아 숨 쉬는 미술을 미술관의 벽에 전시하는 그 순간부터 '미술은 죽은 것'이라는 말도 있지만 그렇다고 작품 한 점을 보기 위해서 발품을 팔기에는 현대인들이 좀 바쁘지 않나. 여러 작품이 한곳에 모여 있고 게다가 변수가 잘 작용하지 않는 실내라는 사실은 일단 이 여행이 안전하게 이루어질 것이라는 확신을 준다.

이제 목적지는 정해졌다. 여행 목적지가 정해진 후 보통 우리는 목적지에 당도했을 때 결단코 해야만 하는 여러 일들을 계획한다. 명소 방문과 맛집 가기, 특산물 사기 등을 위해 인터넷 비교 사이트와 씨름하며 여행에 대한 설레임보다는 필요 없는 스트레스를 받아 지레 지치곤 한

다. 그렇다고 아무 계획 없이 낯선 곳으로 떠났다가는 할 일 없이 시간만 보내는 경우가 많기 때문에 어쩔 수 없는 필수 과정이라 생각하며 위로한다.

물론 잘 짜인 계획에 의한 여행은 큰 감동과 기쁨을 주는 것이 사실이다. 반면 계획을 잘 짜지 못하면 그 결과는 완벽한 실패다. 시간과 경비를 투자해서 야심차게 준비한 여행이 실패로 돌아간다면 그 정신적, 육체적 피해는 적어도 1, 2주일 동안 당신을 괴롭힐지도 모른다.

미술관 여행에는 이런 위험부담이 없다. 어드벤처를 원하지만 약간은 게으른 당신을 위한 최적의 여행지가 아닌가. 아무런 계획 없이 그저 개장시간에 맞춰 가기만 하면 된다. 전시 이해를 돕기 위한 갤러리 투어, 전시 도록 그리고 각종 이벤트 프로그램은 미리 준비되어 그날 일정으로 꽉 잡혀있다.

맛집은 또 어떤가. 미술관의 카페나 레스토랑은 서비스 수수료가 좀 비싸기는 하지만 둘째가라면 서러울 로컬 유명 쉐프가 요리를 하는 경우가 대부분이다. 레스토랑은 미술관에서 가장 쾌적한 곳에(주로 미술관에서 가장 전망이 좋은 곳에 위치되는 경우가 많다) 자리하고 있고 레스토랑에서 울리는 음악은 내가 평생 음악을 연구해도 하지 못할 근사한 선곡들로 이루어져 있다. 근사한 전망에 좋은 음악, 그리고 맛있는 음식을 원 스탑으로 즐길 수 있는 곳이다. 게다가 각 미술관에 빠지지 않고 있는 기념품 가게는 오랫동안 이 여행을 기억하게끔 해주는 수준 있는 기념품으로 가득하다. 이 정도면 여행의 목적지로 미술관은 완벽하다.

How to see? 내가 미술을 좋아하는 가장 큰 이유는 미술에는 답이 없다는 것이다. 4지선다형을 거쳐 5지선다형까지 미리 짜인 각본 속에서 정해진 답을 찾는 것은 대학수학능력시험, 토익, 토플로 졸업하고 싶다. 미술은 객관식이 아닌 주관식이다.

미술을 바라보는데 감상은 필요하지만 토론은 불필요하다. 감상은 혼자 하지만 토론은 함께해야 한다. 미술에 좋고 싫고는 있을 수 있지만, 이 작품이 저 작품보다 낫다는 것은 있을 수 없다. 미술에 등급을 나누라고 누가 말하는가?

미술은 인간이 창조하는 가장 자유로운 형태의 시각예술이다. 그리고 이 시각예술을 아무런 제약이나 잣대 없이 즐기는 것은 관람자의 권리이다. 이 권리를 특권으로 누리는 당신은 지금 미술작품을 혼자 보고 있다.

NEW YORK

일러두기
- 미술, 음악, 영화와 같은 단일 작품이름은 홑낫표(「 」)를, 단행본은 겹낫표(『 』)를, 전시 이름은 홑겹화살표(< >)를 사용했습니다.
- 인명과 지명 등의 외래어 표기는 국립국어연구원에서 규정을 따르는 것을 원칙으로 했으나 '반 고흐', '베르메르'처럼 용례가 굳어진 경우에는 통용되는 표기를 따랐습니다.
- 이 책에 사용된 일부 예술작품은 저작권자가 확인되는 대로 정식 동의 절차를 밟겠습니다.

Downtwn
o

1장 꾸밈없이 투박하다
Manhattan

6불로 만나는 값진 자유, 그 자유에 감사하다 [유대인 문화유산 미술관]
자연에 대한 그리움을 연주하다 [국립 아메리칸인디언 박물관]
그 높고 곧은 당당함에 힘을 얻다, 뉴욕의 빌딩 [고층건물미술관]
미국의 이민역사와 함께 해온 중국인들, 그들만의 자긍심을 엿보다 [중국미술관]
복원된 아름다움에 취하다. 차이나 타운 한구석의 유대교 기도회당, 시너가그 [엘드릿지 스트릿 미술관]
점심 때 공짜 파스타가 생각난다면 리틀이태리로… [이탈리안 아메리칸 미술관]
작품이 없는 미술관 or 작품이 다인 미술관 [뉴 뮤지엄]
인간 최고의 경지에 다다르다, yab-yum [티베트 하우스]
찬란한 동양의 아름다움을 만나다 [루빈 미술관]
폴락에 지친 나를 일깨우다, 장 미오테 [첼시 미술관]

6불로 만나는 값진 자유, 그 자유에 감사하다

유대인 문화유산 미술관
Museum of Jewish Heritage

36 Battery Place New York, NY 10280
(646) 437-4202
www.mjhnyc.org

 럭셔리한 레스토랑이 있는 미술관을 찾는 것은 비교적 쉽지만, 럭셔리한 레스토랑에 경제적인 가격까지 합쳐진 미술관 레스토랑을 찾기란 그리 쉬운 일은 아니다. 보통 미술관 안에 있는 레스토랑은 단순히 식사를 즐기는 의미도 있지만, 미술관이 지닌 예술적인 분위기를 만끽할 수 있다는 특성이 있기에 그곳에서의 식사는 음식 값 플러스 예술 값이라 해도 과언이 아니다.
 그러기에 미술관 레스토랑은 일반적으로 가격이 비싸다. 쓸데없이 식사비가 비싸다고 불평하는 사람도 있는 반면 미술관 레

미술관 카페입구

스토랑의 숨겨진 가치를 알기에 감사히 그 시간을 즐기는 사람도 있다. 하지만 가치를 안다 해도 주머니 사정이 여유롭지 못한 사람에게는 그저 그림의 떡에 불과하다.

그런데 럭셔리하면서도 경제적이고 게다가 예술적 가치가 넘치는 그런 미술관 레스토랑이 있다면 어떨까. 아마 매일 같이 그곳에서 점심을 하고 싶을 것 같다. 운 좋게도 나는 이번 미술관 여행길에서 그런 레스토랑을 발견했다. 바로 유대인 문화유산 미술관 내에 위치한 작은 카페 겸 레스토랑이었다.

테이블 창가 너머로 펼쳐지는 허드슨 강과 저 멀리 보이는 자유의 여신상은 석양과 어우러져 혼자 보기 아까운 장관을 이루고 있었다. 게다가 경제적이고 맛있는 메뉴를 한껏 즐길 수 있다니. 난 무슨 보물을 발견한 것처럼 기분이 좋았다.

라비올리, 라자니아, 맥앤치즈 등의 대중적이면서도 꽤 괜찮은 메뉴가 눈에 띄었고 대부분 6불에서 9불 정도의 가격대였다 (뉴욕 미술관 레스토랑에서 6불 정도로 주 메뉴와 음료를 함께 즐기기란 쉽지가 않다). 주 메뉴를 주문하면 따뜻한 빵과 샐러드가

카페메뉴

라자니아

라비올리

함께 제공되니 태연한 척했지만 속으로는 환호성이라도 지르고 싶은 심정이었다.

　레스토랑 창문가 테이블에 앉아 오후 햇살에 반짝이는 허드슨 강을 보고 있노라니 마음속의 근심 걱정이 다 사라지는 듯했고, 시간과 공간이 멈춘 듯해 주위의 조용함이 신비롭게까지 느껴졌다. 멀리 자유의 여신상이 보였다. 굳게 다문 입과 강렬한 눈매를 가진 그녀는 한 손으로 힘차게 횃불을 뻗어 올리고 있었다.

　뉴욕에서 자유의 여신상은 빠질 수 없는 관광코스이기에 많은 관광들은 다운타운의 끝자락 이곳 배터리 파크에서 보트를 타고 자유의 여신상이 있는 리버티 섬 Liberty Island 으로 줄을 지어 간다. 물론 뉴욕에서 그 유명한 자유의 여신상을 안 본다는 것은 참 속상한 일일 것이다. 이런 마음의 많은 사람들은 이 행렬에 동참했고 섬에 도착해서 인증사진을 찍은 후 기어코 자유의 여신상 내부도 올라가 보는 진귀한(?) 경험을 한다.

　그런데 꼭 자유의 여신상 내부에 들어가 봐야 좋은 것인지는 잘 모르겠다. 물론 각각의 매력이 있을 것이다. 맨해튼 내부에서 고층빌딩을 올려다보는 맛도 좋고 맨해튼을 허드슨 강 건너 뉴저지에서 바라보는 것 또한 멋지니 말이다. 하지만 굳이 한 가지 방법을 택해야 한다면 자유의 여신상이 허드슨 강 한 가운데에서 석양과 어우러져 있는 바로 그 모습을 봐야 한다고 생각한다. 가능하다면 이곳 유대인 문화유산 미술관에서.

　자유의 여신상을 사려 깊게 본 사람들은 자유에 대한 희망과 용기를 얻는다. 자유의 여신상을 바라보고 있으니 갑자기 심장이 요동을 치는 듯했다. 가슴속에 전율이 일면서 알 수 없는 힘이 느껴졌다. 이런 이상한 감정의 교차를 유대인들은 어떻게 받아들였을까?

인간답게 살기 위해 목숨을 걸고 떠난 항해, 그 위험한 여정 끝에 도착한 뉴욕. 멀리 맨해튼이 보이고 지친 항해 끝 뱃머리에서 자유의 여신상을 바라보며 과연 그들은 어떤 생각을 했을까. 상상할 수도 없는 벅차오름과 희망, 그리고 두려움이 교차되었을 것 같다. 맨해튼 많은 곳에 유대인 박물관이 있지만 이곳처럼 그들을 이해하고 동시에 뉴욕이란 땅을 잘 이해할 수 있는 곳은 없을 것이라는 생각이 든다. 자유와 기회의 땅에 다다른 유대인들의 감정을 그들의 문화유산과 함께 느낄 수 있는 곳, 바로 유대인 문화유산 미술관이다.

미술관 입구로 향하는 길

미술관 입구

1930-1940년대에 행해진 나치의 유대인 대학살 Holocaust 은 잔악무도하기 그지 없었고 수많은 유대인들이 희생되었다. 유대인 문화유산 미술관에서는 대학살이 일어나기 전, 동안, 그리고 그 후의 유대인들의 삶을 나누어 보여준다.

세계의 많은 나라들은 유대인들에게 문을 닫았고 그들은 이리저리 떠돌아 다녔다. 유대인이라는 이유만으로 멸시와 차별을 받았던 모습을 고스란히 볼 수 있는 1층 전시관은 절망을 주제로 하고 있다. 그리고 유대인 대학살의 현장을 재현해 놓은 듯한 2층 전시관이 이어진다. 마지막으로 3층 전시관에는 학살이 끝나고 마침내 살아남은 유대인들이 자유와 행복을 찾아가는 모습이 사진과 비디오 및 오디오 인스톨레이션 등을 통해 전시되어 있다.

유대인들은 비록 슬픈 역사를 지녔지만 역경을 딛고 끈질기게 살아남아 그들의 문화유산을 잃지 않고 지켜왔던 것이다. 마침내 자유를 찾은 그들에게 자유가 어떤 의미였을지, 또 현재 우리가 지닌 자유가 어떤 의미인지, 그리고 자유가 준 수많은 기회가 얼마나 소중한가를 되짚어보는 귀중한 시간이었다.

하누카 Hanukkah 메노라 Menorah 라고 불리는 이 촛대는 8일간 진행되는 유대교 축제 하누카에서 제식용으로 사용된다. 유대인 미술관에서도 볼 수 있는 이 촛대 형상은 중요한 상징적 의미를 함축하고 있어 깃발이나 그림, 조각 등에서 빈번히 등장한다. 미술관 로비에 전시된 메노라는 9갈래로 이루어진 촛대로 8일 동안의 하누카 축제 기간 첫날부터 하나씩 불을 밝혀 나가도록 만들어진 8개의 갈래와 다른 8개의 불을 밝히는데 쓰이는 불을 위한 1개의 갈래로 이루어져 있다.

메노라

로비에 전시된 메노라

특별전 일부. 바닥의 동그란선 안에 서면 각기 다른 유대인들이 뉴욕 항구에 도착했을 때 느꼈던 감정을 말해주는 오디오를 들을 수 있다.

하누카는 주전 2세기로 거슬러 올라가서 유다 마카비 Judah Maccabee와 그의 형제들이 영도 아래서 잔인무도한 시리아 희랍의 지배를 깨뜨리고 승리했던 것을 나타내는 것으로 이를 기리기 위한 8일간의 유대교 축제이다. 이 기간 동안 메노라에 불을 켜는 것은 마카비일족이 적을 물리친 후, 성전에 들어갔을 때 그들은 단지 하루 정도 불을 켤 수 있는 기름만을 발견했는데 기적적으로 불은 여드레 동안이나 계속 탔다는 일화에 기원을 둔 의식이라고 한다.

일부 유대인 가정에서는 하누카 촛대를 똑바로 세워서 집 창문에 세워 보이게 하는데 이것은 최근에 생겨난 유대인 의식으로 유럽에서의 대학살과 이스라엘의 국가 재건 이후에 생긴 것이다. 이 관습은 미국에서 주로 실행되며 다른 곳에서는 거의 찾아볼 수 없다.

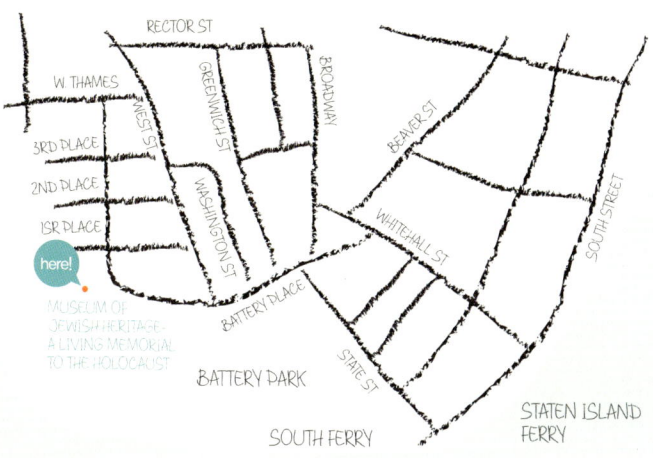

지도에서와 같이 유대인 문화유산 미술관은 맨해튼의 가장 끝자락에 위치한다. 1번 트레인을 타고 사우스페리 South Ferry 역에서 하차해 역을 나오면 그곳이 배터리 파크이다. 배터리 파크에서 서쪽으로 조금 걷다 보면 미술관이 보인다.

> 배터리 파크 동쪽으로는 국립 아메리칸인디언 박물관이 자리하고 있다.

허드슨 강의 전망이 공원 어느 각도에서도 근사하게 펼쳐지기에 걷는 길이 지루하지 않다. 뜻하지 않게 한국전 참전용사 기념비도 발견 할 수 있었다. 배터리 파크를 비롯한 뉴욕 시내의 여러 공원에서는 무료 콘서트나 야외영화 상영 등의 이벤트들이, 특히나 여름에 많이 열리니 부지런을 떨면 좋은 구경을 멋진 전망과 함께할 수 있다. 뉴욕시 공원&레크리에이션 City of New York Parks & Recreation 홈페이지에서 자세한 일정을 찾을 수 있다.

City of New York Parks & Recreation
http://www.nycgovparks.org

배터리 파크에서 걸어 다니는(?) 자유의 여신상. 비싼 팁을 요구한다.

한국전 참전 용사 기념비(New York Korean War Veterans Memorial)

자연에 대한 그리움을 연주하다

국립 아메리칸인디언 박물관
National Museum of the American Indian

Alexander Hamilton U.S. Custom House
One Bowling Green New York, NY 10004
(212) 514-3700
http://nmai.si.edu/visit/newyork/

뉴욕에 온지 얼마 되지 않아서 였다. 화려한 타임 스퀘어나 맨해튼의 쇼핑거리가 다가 아님을 막 깨달은 나에게 뉴욕의 왠지 모를 외로움과 쓸쓸함이 두려움으로 다가올 무렵, 미드타운 한 거리에서 이들을 만났다. 구슬프지만 청아하고, 거친 듯 하지만 정제된 소리였다. 바로 영화 로미오와 줄리엣의 오리지널 사운드 트랙 중 「A Time For Us」라는 곡이었다.

소녀시절 듣기만 해도 눈물을 주르르 흘리던 그 곡이 아니던가. 그 자리에 발이 묶인 듯 나는 꼼짝할 수가 없었다. 곡의 연주가

A Time For Us
someday there'll be
a new world

A World of shining hope
for you and me

A World of shining hope
for you and me

끝나고 그들이 다시 시작한 곡은 영화 대부 사운드 트랙 중 한 곡이었다. 따라라라~ 로 시작되는 유명한 곡. 이 곡들을 연주하던 거리의 악사들은 단번에 나를 사로잡았다.

이들은 맨해튼 곳곳에서 쉽게 볼 수 있는 거리악사이다. 악사라곤 하지만 어떤 이들은 정말 귀를 막고 싶을 정도로 듣기가 힘들고, 또 어떤 이들은 링컨 센터Lincoln Center의 200불짜리 공연보다 더 찡한 여운을 주기도 한다. 수준은 천차만별이지만 나름 독특한 개성이 있고, 이들이 있어 맨해튼은 덜 외롭다.

두 곡의 영화음악 특유의 우울한 멜로디가 이들이 연주하는 이상한 모양의 악기소리와 놀랄 정도로 잘 어울렸다. 뒤로는 뉴욕의 옐로캡이 여느 때처럼 경적을 울려대며 쌩쌩 지나가고 있었고, 사람들은 무심하게 갈 길을 가고 있었다.

보통 때와 다를 것 없는 맨해튼의 거리였지만 이 음색은 나를 공간과 시간을 뛰어넘게 해 뭔지 모를 그리움과 고독 사이로 데려다 놓았다. 팬-플룻Pan-Flute 혹은 팬-파이프Pan-pipes라 불리는 이 악기는 그리스어로 시린크스syrinx라고 하는 고대 그리스의 관악기이다. 파이프 오르간의 가장 오랜 조상으로 알려진 팬-파이프는 그리스 신화의 반수신半獸神 판이 연주한 데서 이름 불리게 된 역사 깊은 악기이다. 동유럽, 남미, 중국, 멜라네시아, 아프리카 등 세계 각지에서 연주되었다고 한다.

박물관 스토어에서 판매하는 팬-파이프

기원이 어디든 음악은 문화를 대표하는 중요 요소임은 틀림없다. 인디언들이 이 악기를 연주했다면 그들 문화와 이 악기의 소리는 어떤 상관관계가 있지 않을까? 일단 그들의 소리는 구슬펐다. 가슴을 에이게 하는 그리움이 있었다. 소리를 통해 전해지는 이 그리움의 정체는 무엇일까. 거리의 팬-파이프 악사들을 만날 때마다 나를 따라다니던 이 궁금증은 드디어 국립 아메리칸인디언 박물관에 가서야 풀리게 되었다.

뉴욕시청

국립인디언 박물관의 컬렉션은 무려 825,000여 종이나 되고, 이를 통해 미국 전역에 12,000년 동안 존재했던 1,200여 개의 다양한 인디언 문화를 조명한다. 전시도 물론 근사하지만 박물관 건물이 지닌 건축미 또한 일품이니 꼭 챙겨보길 바란다. 메트로폴리탄 미술관, 뉴욕시청 등을 건축한 뉴욕의 유명 건축사인 맥킴, 미드 앤 화이트 McKim, Mead & White에서 경력을 쌓았던 건축가 카스 길버트 Cass Gilbert, 1859-1934가 국립인디언 박물관의 설계를 맡았다.

아메리카 좌상

아시아 좌상

유럽 좌상

아프리카 좌상

워싱턴 D.C
링컨 기념관의 링컨상

450,000스퀘어 피트의 엄청난 박물관 부지는 다운타운 맨해튼의 세 블록에 걸쳐져 있다. 건물 외관은 무려 44개의 크고 작은 기둥으로 이루어져 있고 각각의 기둥은 머큐리 신*Roman god of commerce, 상업의 신*의 머리 모양으로 장식되어 있다.

미술관 건물 정면에는 입구를 중심으로 양쪽에 두 개씩, 총 네 개의 좌상이 있다. 이들은 모두 아메리카, 아시아, 유럽 그리고 아프리카를 여신의 모습으로 상징한 대리석 조각들로 워싱턴의 링컨기념관에 있는 링컨상을 조각한 다니엘 체스터 프랜치*Daniel Chester French, 1850-1931*가 조각했다. 각 대륙을 대표하는 네 명의 여신상은 여성적인 섬세한 아름다움보다는 남성적인 근엄한 아름다움을 지니고 있었다. 그 크기 또한 상당해서 보는 이를 압도하는 엄숙함이 느껴졌다.

박물관 외관 정면 / 박물관 외관 측면

미술관에 들어서기도 전에 건물의 엄청난 스케일과 건축미, 그리고 여신들의 모습에 설레이기 시작한다. 신이 난 나는 한달음에 로비로 향했다. 메고 있던 배낭과 겉옷을 락커에 넣고 돌아서는 순간, 또 한번 헉 소리가 났다. 인디언 박물관이라고 해서 사실 별 기대를 안 하고 온 나의 안일함 탓도 있겠지만 다운타운 끝자락에서 이런 곳을 만나게 될 줄이야.

로툰다-채광창

로툰다-벽화

로비 뒤쪽에 위치한 로툰다 rotunda원형 홀는 정말 말 그대로 입을 딱 벌어지게 했다. 천장에 난 채광창으로 들어오는 자연광과 로툰다 돔dome, 반 구형 지붕에 그려진 벽화는 그야말로 장관이었다. 레지날드 매시 Reginard March, 1898-1954라는 미술가와 그의 8명의 어린 조수들이 함께 작업했다는 이 벽화는 초기 미 대륙 탐험가들이 뉴욕 항구에 도착하는 모습을 연작으로 그린 것이다. 로툰다 중앙에 주저앉아 머리 위로 그려진 벽화를 올려다 보는 것만 해도 정말 시간 가는 줄 모를 정도이다.

이어서 전시관에는 인디언들의 생활을 살필 수 있는 사진이나 생활용품 등이 전시되어 있고 이를 통해 자연과 조화를 이루며 살았던 그들의 모습을 보게 된다. 그런데 갑자기 슬픈 생각이 들었다. 아주 오랜 전부터 이 아메리카 대륙에서 대대로 살아왔지만 이방인들에 의해 하루아침에 그들의 땅에서 내몰리고, 그들의 땅이 파괴되는 모습을 지켜보아야만 했던 슬프고 잔인한 인디언의 역사가 떠올랐기 때문이다. 바로 그 순간 나를 따라다니던 그 질문에 대한 답을 찾았다.

　거리의 악사들이 연주하던 음악에서 내가 느꼈던 그 애잔한 그리움은 그들이 빼앗긴 자연을 향한 것이 아닐까. 흙에서 태어나 흙으로 돌아가는 숙명을 지닌 인간은 그 스스로가 자연의 일부이기에 태어나는 순간부터 자신이 태어난 곳을 그리워하고 돌아가고자 함이 마땅하다. 자연에 순응하는 삶을 살았던 순수한 이들이 바로 인디언이고 그렇기에 그들은 끊임없이 자연을 동경하며 그리워하는 것이라는 생각이 들었다. 그들의 그리움이 음악을 통해 내게 전해진 것이 틀림없었다.

전시관 실내

박물관 도서관

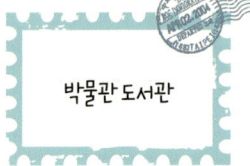

박물관 도서관

정문을 들어서면 1층 로비 왼쪽으로 박물관 도서관이 눈에 띈다. 이곳 박물관 도서관 Resource Center 은 다른 곳과는 달리 사전예약과 같은 별도의 절차 없이 이용 가능하다.

팬-파이프에 대해 좀 더 알고 싶었던 나는 무작정 사서에게 팬-파이프에 관한 책을 찾아 달라했다. 웬 동양인 여자가 다짜고짜 팬-파이프에 관한 책을 달라하니 좀 의아해하는 눈치였지만 한참을 열심히 찾더니 오래되어 누렇게 바랜 책 몇 권을 가져다주었다.

덕분에 도서관 안쪽에 위치한 리소스 센터에 앉아 평화로운 독서 시간을 갖게 되었다. 나의 저급한 독서 실력으로 말미암아 특별히 좋은 내용을 얻지는 못했지만, 도서관에서의 1시간은 너무 평화로워 마치 인디언들이 내게 주는 선물같이 느껴졌다.

박물관 스토어

박물관 스토어에 전시된 인디언 텐트

박물관 도서관 안쪽

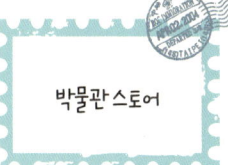

박물관 스토어

2층의 박물관 스토어에는 수제 장신구나 도기류, 텍스타일, 인디언 음악 CD, 장난감 등의 기념품들로 가득했다. 내가 방문했을 때에는 인디언들의 텐트를 스토어 내에 쳐 놓아서 직접 들어가 보기도 하는 재미를 맛볼 수 있었다. 그리고 반갑게도 팬-파이프를 판매하고 있어 비록 불 줄은 모르지만 기념으로 하나 사기도 했다.

그 높고 곧은 당당함에 힘을 얻다, 뉴욕의 빌딩

고층건물 미술관
Skyscraper Museum

39 Battery Place New York, NY 10280
(212) 968-1961
www.skyscraper.org

맨해튼의 수많은 건물 중 내가 가장 좋아하는 건물은 단연코 멧라이프^{Metlife} 빌딩이다. 맨해튼의 빌딩들은 에비뉴 선상에 바둑판처럼 줄 지어 서 있고 바둑판의 가로 세로 획 역할을 하는 도로들이 에비뉴와 스트릿을 구분한다. 그런데 도로 선상에 서 있는 여느 빌딩들과는 달리 도로를 떡 하니 가로막는 위풍당당한 빌딩이 하나 있으니 바로 멧라이프 빌딩이다.

파크 에비뉴와 45가^{45th Street}에 위치한 멧라이프 빌딩은 지하로 그랜드 센트럴^{Grand Central} 기차역을 품고 있다. 이 빌딩은 미

멧라이프빌딩

 국에서 50번째로 높은 고층빌딩으로 1958년부터 5년에 걸쳐 지어졌다. 원래는 팬암빌딩 Pan Am Building 으로 팬암항공사 Pan American World Airways 의 본부가 있던 곳이다. 이 빌딩이 지어질 때에는 그 외관이 투박하고 흉물스럽다고 해서 환영 받지 못했다고 한다.

 아무튼 시작이야 어찌되었든 미국 최고의 항공사, 한때 전 세계의 하늘을 소유했던(레오나르도 디카프리오가 주연한 영화 「에비에이터」를 보면 팬암항공사의 하늘 독점에 대해 잘 나온다) 팬암항공의 자존감을 나타내기라도 하듯 그 모습이 당당하기 그지없다.

 에비뉴 한 중앙에 우뚝 서 있는 멧라이프 빌딩은 내가 지쳐 있을 때마다 알 수 없는 힘으로 용기를 주곤 했다. 주위의 모든 빌딩들이 한 방향으로, 정해진 방향으로 줄지어 있는데도 불구하고 홀로 당당히 그 방향을 달리하는 대담함과 독특함이 나에게 큰 위로가 되었다. 바쁘게 길을 걷다가도 멈춰 서서 바라보지 않을 수 없었다. 그리고는 그 꿋꿋함과 늠름함에 용기를 얻고 또다시 걸어가곤 했다.

허드슨 강 건너 뉴저지에서 바라본 맨해튼의 모습

    원래 고층빌딩 미술관은 2001년 항공기 테러를 당한 세계무역센터 World Trade Center에 인접해 있었다. 그래서 테러가 일어난 이후 한동안 문을 닫았다가 2004년, 현재 위치한 이곳 베터리 파크 서쪽으로 이전하고 새롭게 문을 열었다. 1997년 최초 개관을 했고 이후 꾸준히 고층건물 전문 미술관의 역할을 해오고 있다. 세계 곳곳의 고층빌딩뿐 아니라 2001년 9월 11일에 붕괴된 뉴욕의 세계무역센터도 재현해 놓아 눈길을 끈다.

    내가 방문했을 때에는 맨해튼의 건물들이 시간의 흐름과 함께 어떻게 변화했는지를 보여주는 사진전이 열리고 있었다. 전시 공간은 그리 크지 않지만 수직의 아름다움을 강조한 공간 활용이 고층빌딩을 테마로 하는 전시내용과 어우러져 독특한 분위기를 연출하고 있었다.

    디자인, 공사부지, 부동산 투자, 거주지 혹은 작업환경으로써의 고층빌딩을 주제로 삼은 전시들이 대부분이고, 주로 사진과 미니어처, 영상, 시뮬레이션 등의 매체를 이용해서 구성되어 있다. 맨해튼의 빌딩을 역사적으로 더 잘 이해하게 되는 재미있는 곳이었다.

미술관 전시실 내부

맨해튼 다운타운 고층빌딩들

미국의 이민역사와 함께해온 중국인들, 그들만의 자긍심을 엿보다

중국 미술관
Museum of Chinese in America, MoCA

215 Centre Street New York, NY 10013
(212) 619-4785
www.mocanyc.org

이민의 나라인 미국은 여러 인종들이 모여 그들만의 고유한 이민역사를 가지고 있다. 그중 가장 참여적으로 삶을 꾸려온 인종을 꼽으라면 아마도 중국인이 아닐까 생각해본다. 대학시절 함께 수업을 듣던 중국 친구가 있었다. 뒷자리에 앉아서 눈에 띄지 않으려 안간힘을 쓰던 나와는 달리 가장 앞자리에서 서슴지 않고 유창하지 못한(?) 영어실력으로 질문을 하곤 했다. 항상 허름한 옷에 화장기 없는 얼굴, 그리고 알아듣기 힘든 중국식 영어 발음을 가진 친구였다.

만약 내가 그녀였더라면 내 완벽하지 못한 발음과 어눌함에 지레 풀이 죽어 그렇게 당당하게 행동하지 못했을 것 같다. 하지만 그녀에게는 뭔지 모를 자신감과 여유가 있었다. 그 여유는 어디에서 나오는 것인지 참 알 수가 없었다.

이제는 인식의 변화가 일고 있지만 얼마 전까지만 해도 한국인 이민자들의 정치적 참여도는 낮은 편이었고, 미국 시민권자로 주장할 수 있는 여러 권리에 대해서도 무관심한 듯 보였다. 반면 중국인들은 달랐다. 정치, 사회적으로 적극 미국사회에 참여하고 더불어 그들의 권리를 함께 주장했다. 자신들의 문화와 언어를 철저히 계승하면서도 미국 내에서 목소리를 높이는 일을 게을리하지 않았다.

중국인들의 이런 모습에서 우리가 배워야 할 점이 많다. 물론 중국에 비해서 이민의 역사가 짧으니 그럴 수도 있다 싶다가도 역시 아닌 건 아닌 것이고 부러운 건 부러운 것이었다. 긍지를 가지면서 고유한 그들만의 이민역사를 써 내려가는 중국인들의 모습이 부러웠다. 차이나 타운 한 켠의 중국 미술관은 나의 이런 부러움을 극대화시킨 곳으로 이곳 방문을 통해 나는 그들의 깊은 이민역사를 시각적으로 다시 한번 검증하는 기회를 가질 수 있었다.

차이나 타운의 상인들 모습

차이나타운

어느 날, 차이나 타운에 살고 있던 그 친구를 따라 차이나 타운에 가게 되었다. 대부분의 뉴욕 관광객들은 차이나 타운 하면 카날스트릿 Canal Street 밖에 모른다. 하지만, 친구가 말하길 카날스트릿은 관광객을 위한 차이나 타운이고 정작 중국인들은 카날스트릿과 좀 떨어진 안쪽 골목 깊숙한 곳에 그들의 타운을 형성했다고 한다.

차이나 타운을 처음 방문한 사람의 반응은 극과 극이다. 어떤 이는 지저분하고 정신없어 두 번 다시 오고 싶지 않다라고 하기도 하고, 또 어떤 이는 그곳에서 무한한 생명력을 느낀다고도 한다. 나는 후자에 해당하는데 차이나 타운을 갈 때마다 그들의 솔직한 삶의 방식에 감동했다.

솔직하다고 해서 중국 상인들이 판매하는 물건의 가격이나 품질, 서비스 등이 정직하다는 것은 아니다. 아무리 가격흥정을 한다 한들 절대 손해 보는 장사는 하지 않는 게 중국인이다. 솔직하

다는 건 그들의 모습이다. 아침 일찍부터 밤늦게까지 열심히 일하고 가족에게 돌아가는 그들의 모습을 통해 노동에 대한 신성함 같은 것이 느껴졌다.

모카 MOCA 로 가는 길은 유혹이 좀 많다. 6번 트레인을 타고 카날스트릿역에서 하차한다. 관광객으로 북적대는 카날스트릿을 겨우 빠져나오면, 미술관 가지 말고 그냥 밥이나 먹을까라는 생각이 들게끔 하는 중국음식점들의 후각적 유혹이 시작된다.

차이나 타운은 맨해튼의 바둑판식 정렬에 길들여진 당신이라면 금세 길을 잃게 하는 미로나 다름없다. 골목골목 생소한 작은 거리들이 겹겹이 있어 정신 차리고 목적지로 향하지 않으면 길을 잃기 십상이다. 라파옛테 스트릿 Lafayette Street 을 향해 직진해서 센트레 스트릿 Centre Street 쪽으로 우회한다. 이 길 중간쯤에서 드디어 미술관 모카를 발견하게 된다.

미술관입구

미술관로비

전시관에서 전시를 보는 외국인 학생들

도착해서 가장 먼저 눈길을 끌었던 것은 학생 그룹이었다. 학생들이 그룹을 지어 선생님과 함께 방문한 듯 보였다. 미술관을 단체 관람하는 그들을 바라보면서 문득 이런 생각이 들었다. 만약 그들 중 중국계 학생이 있다면 그는 선조의 이민역사를 시각적으로 체험하게 될 것이고, 그 외 다른 학생들은 전시를 통해 중국인들을 미국의 초기 개척자 중의 한 민족으로 자연스럽게 받아들이지 않을까라고 말이다. 나와 다른 너가 아닌 우리 중의 한 명으로 말이다. 문화가 다양한 미국에서 미술관이 할 수 있는 최고의 교육이다 싶었다.

　　모카의 전시는 다양했다. 중국이민자들이 이민 초기 상권을 장악했던 세탁소의 옛모습을 재현해 놓고 다리미나 비누 등 그들이 당시 사용했던 세탁용품을 전시해 보였다. 그런가 하면 중국약재상 모습을 재현해 놓은 전시관도 있었고, 국제적으로 활동하고 있는 중국인들의 사진을 모아 전시한 갤러리도 있었다.
　　내가 방문했을 때에는 특별전으로 중국퍼즐의 역사에 관한 전시를 하고 있었는데, 우리가 흔히 쓰는 찬합이나 칸으로 나뉘어진 도시락 통이 중국인의 퍼즐역사에서 기초한 것이라는 사실도 알게 되었다. 미술관 외관만 보아서는 전시공간이 그리 크지 않을 것 같아 보였지만, 안은 생각보다 넓었고 구석구석을 십분 활용하여 다양한 전시를 제공하는 모카는 그 어떤 역사책을 읽는 것보다도 빠르고 효과적으로 160년에 걸친 중국인의 이민 역사를 배울 수 있는 미술관이다.

복원된 아름다움에 취하다.
차이나타운 한구석의 유대교 기도회당,
시너가그

엘드릿지 스트릿 미술관
Museum at Eldridge Street

12 Eldridge Street New York, NY 10002
(212) 219-0888
www.eldridgestreet.org

　엘드릿지 스트릿 미술관은 맨해튼 다운타운 엘드릿지 스트 릿에 위치한 유대인 시너가그(Synagogue, 유대교 기도회당)이다. 이 시너 가그는 1887년 다운타운 동쪽에 자리를 잡기 시작한 동유럽 출신 유대인 이민자들에 의해서 세워졌다고 한다. 이곳에 모인 유대인 들은 종교적 활동을 중심으로 그들의 커뮤니티를 구축했고, 1920 년대까지 활발한 활동을 했다.
　하지만 1920년 이후로는 하락세를 맞았다. 초기에 다운타운 을 중심으로 활동하던 유대인들이 자리를 잡으면서 서서히 업타

시너가그 주위 차이나 타운의 모습

운쪽으로 이동했기 때문이다. 이 이동으로 말미암아 이곳 시너가
그에서의 활동은 뜸해졌고 그와 함께 예배당 건물도 점점 황폐해
져 갔다. 결국 1950년에 이르러서는 폐쇄되고 말았다.

차이나 타운 한쪽 끝에서 서서히 그 존재가 사라져 가고 있
던 이 시너가그로 다시 관심이 모아진 것은 뉴욕의 한 대학교수가
이곳의 문화적 가치를 알아 본 뒤부터였다. 그리하여 보수 프로젝
트가 25년에 걸쳐 이루어졌고 약 190만 달러를 들여 예전의 아름
다움, 그 이상으로 복원시켰다.

내가 처음 시너가그라는 단어를 접하게 된 것은 유대인역사
센터Center for Jewish History에서다. 좀 더 정확하게 말하면 세계 곳
곳에 세워진 다양한 시너가그를 그린 전시를 관람하면서부터였다.
실제 사진을 그림 아래로 배치해서 비교할 수 있도록 해두어 시너
가그를 처음 접하는 나 같은 사람에게는 도움이 되었다.

전시 속의 시너가그는 대부분 어두운 이미지였다. 홀로 고독
히 우뚝 서있는 그림 속의 시너가그에는 사람의 모습이라곤 찾아
볼 수 없었다. 예배당으로 들어가는 유대인의 모습이 마치 들켜서

시너가그 파사드

시너가그 외관.
로즈창문의 외관을 볼 수 있다.

는 안 되는 금기인 양 그림 속의 시너가그는 사람과 철저히 격리
되어 있었고, 그런 예배당의 모습은 황폐하고 슬퍼 보였다. 그래서
나는 시너가그는 우울한 곳이라 생각해 왔다. 몰래 모여 기도를 하
거나 혹은 버려지기가 일쑤인 그런 외로운 곳. 그래서인지 약간은
엄숙한 마음을 가지고 엘드릿지 스트릿 시너가그를 찾았다.

　　외관은 여느 교회의 모습과 그리 다르지 않았다. 하지만 중
국어 간판들이 가득한 차이나 타운의 구석 골목에 자리한 이 예
배당은 주위의 붉은 글씨들과 참 어울리지 않아 보였다. 파사드
facade, 건물의 정면 아래쪽으로 조그마한 계단이 보였다. 지하로 향하

시너가그 실내 스테인드글래스

는 이 계단이 실질적인 이곳의 입구였다. 오전 10시부터 오후 4시까지 1시간 간격으로 미술관 투어가 이루어진다. 이 투어는 약 1시간 정도 소요가 되지만 약간은 생소한 유대교와 이곳의 역사, 그리고 복원의 과정을 도슨트와 함께 시너가그 곳곳을 돌면서 알아갈 수 있어 재미있었다.

투어에 참여하는 인원이 대강 정해지자 우리는 예배당으로 향했다. 예배당으로 올라가는 계단 옆으로 나있는 스테인드글래스의 빛이 여느 교회의 스테인드글래스의 그것과는 좀 다르게 느껴졌다. 스테인드글래스는 보통 엄숙하고 신성한 분위기를 만드는 교회건물의 전통적인 요소이다. 교회나 성당 건물에 가면 흔히 보게 되는 창문이라 무심코 지나치려 했지만 엘드릿지 스트릿의 스테인드글래스는 뭔지 모를 경쾌함이 있는 듯 했다.

설명을 들어보니 시너가그 곳곳에 있는 67개의 스테인드글래스는 모두 새 단장을 마친지 얼마 되지 않았다고 했다. 기존의 디자인을 고수하되 조각조각 분리해서 청소하고 재배치한 결과였다. 깨어진 조각들은 복원되었고 먼지 하나 없는 창문을 통해 들어오는 빛은 밝고 경쾌했다.

수많은 스테인드그래스 중에서도 파사드쪽으로 나 있는 로즈창문 Rose Window 은 유독 눈 여겨 볼만하다. 로즈창문은 그 이름이 말해주듯 장미 모양이다. 유대교회에 마리아를 상징하는 장미 장식이 있다니 좀 의아했다. 설명을 들어보니 이 시너가그의 초대 건축가였던 피터 헤르테와 프란시스 헤르테 Peter and Francis Herter 는 독일출신 이민자로 가톨릭 신자였다고 했다. 시너가그를 지어본 경험이 없던 이들은 그들이 본국에서 보던 전통양식을 따왔고 로마네스크, 고딕, 무어 그리고 유대교 양식이 복합적으로 녹아들어간 시너가그를 지었던 것이다.

　로즈창문과 함께 예배당 내부에서 가장 돋보이는 창문은 이스트창문 East Window 이다. 이 창문은 복원된 작품이 아니라 키키 스미스 Kiki Smith 와 데보라 갠스 Deborah Gans 라는 현대 작가에 의해 제작되어 2010년에 설치되었다.

　지름 16피트의 철제 프레임이 파란색 실리콘판을 감싸고 있고 그 위로 유리조각들이 합쳐져 빛을 발한다. 중앙에는 유대교를 상징하는 다윗의 별 Star of David 이 장식되어 있다. 다윗의 방패 Shield of David 라고도 불리는 이 푸른 별은 17세기 이래로 유대교를 상징해왔다. 복원과 함께 새롭게 탄생한 이스트창문은 예전의 시너가그와 오묘한 조화를 이루며 아름다운 밤 하늘에서 금빛으로 빛나고 있었다.

로즈창문

이스트창문

점심 때 공짜 파스타가 생각난다면 리틀이태리로…

이탈리안 아메리칸 미술관
Italian American Museum

155 Mulberry Street New York, NY 10013
(212) 965-9000
www.italianamericanmuseum.org

점심 무렵 리틀이태리에 혼자 가면 잘생긴 이탈리안 웨이터가 맘만 내키면 공짜로 점심을 준다는 소문이 나돌았다. 물론 여기서 혼자 가는 당신은 여자여야만 한다. 참 이상스럽게도 이 소문 때문인지 리틀이태리를 갈 때마다 신경이 쓰였다.

공짜 점심이라니 말도 안 되는 소문인 걸 알면서도 괜한 기대를 조금은 하면서 기회를 보고 있었는데 드디어 리틀이태리를 걷던 나를 잡아 세운 이가 있었다. 키가 훤칠하고 매력이 철철 넘치는 이탈리안 웨이터를 기대하며 고개를 돌렸지만 나에게 "Table

for one? 혼자세요?"를 큰소리로 외쳐주시는 분은 다름 아닌 넉넉하게 생긴 중년의 이탈리안 웨이터 아저씨셨다.

    아무리 뉴욕이라 해도 혼자 파스타를 먹기에는 너무 딱 맞는 점심 시간대였다. 다들 쌍을 지어 식사를 하고 있는 북적대는 레스토랑에 당당히 혼자 들어갈 시간은 아니었고 그 웨이터 아저씨도 내가 혼자 밥 먹을 위인(?)은 아니라고 판단했던지 싱긋 웃어 보이고는 말았다. 재미있는 기억으로 남아있는 이 에피소드는 공짜 파스타를 얻어 드신 한 여성의 용감한(?) 무용담에서 비롯되었을 수도 있지만 마음이 내키면 공짜로 테이블을 내어 줄 정도로 정이 넘치는 이탈리아인들의 성격에서 비롯된 것도 같다.

리틀이태리 거리 모습

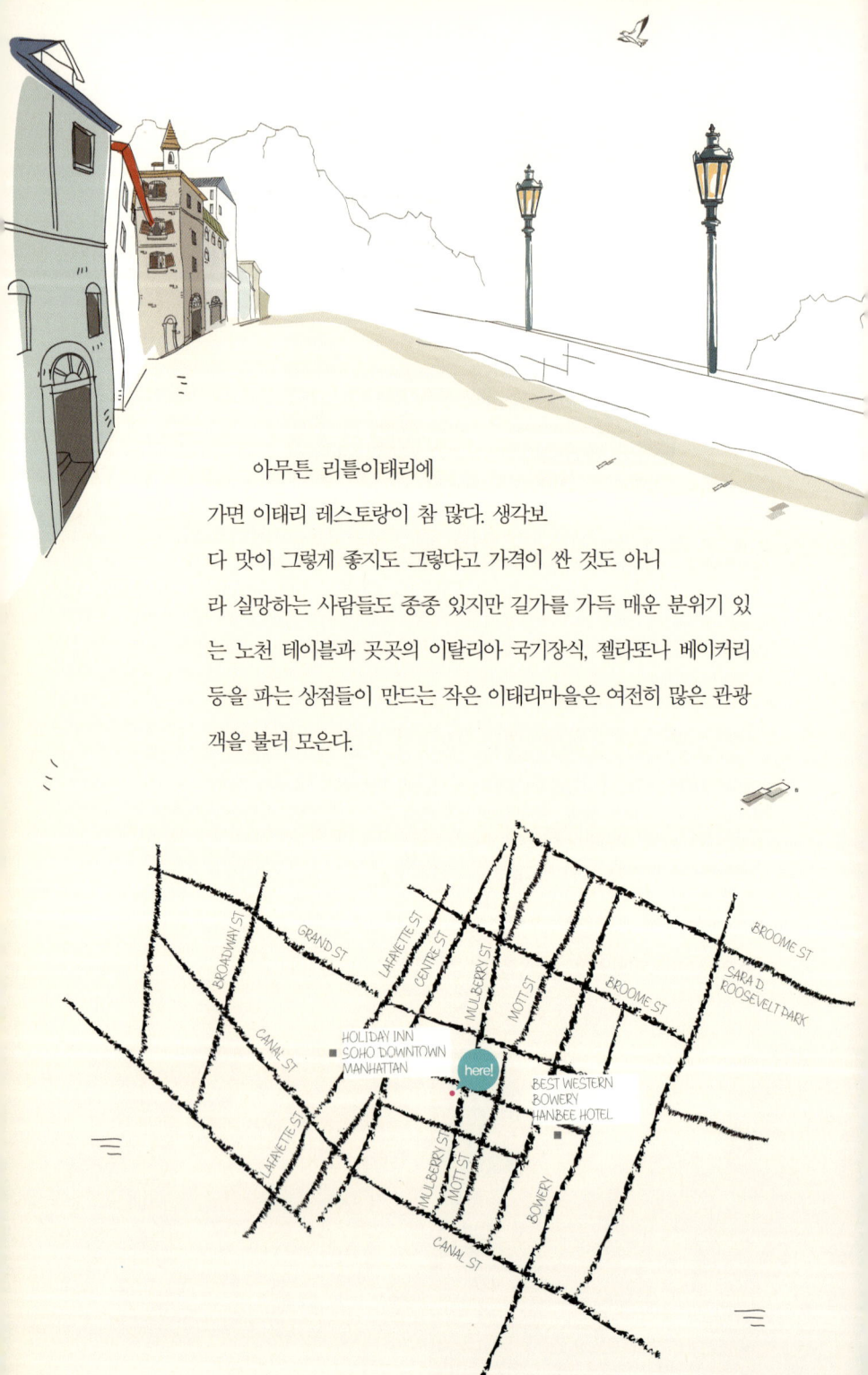

아무튼 리틀이태리에 가면 이태리 레스토랑이 참 많다. 생각보다 맛이 그렇게 좋지도 그렇다고 가격이 싼 것도 아니라 실망하는 사람들도 종종 있지만 길가를 가득 매운 분위기 있는 노천 테이블과 곳곳의 이탈리아 국기장식, 젤라또나 베이커리 등을 파는 상점들이 만드는 작은 이태리마을은 여전히 많은 관광객을 불러 모은다.

리틀이태리 거리 모습

    카날 스트릿을 쭉 따라 걸으면 리틀이태리가 본격적으로 시작되는 멀베리 스트릿^{Mulberry Street}이 보인다. 멀베리 스트릿과 그랜드 스트릿^{Grand Street} 코너에 이탈리안 아메리칸 미술관이 위치하고 있다. 가는 길 곳곳에는 역사나 줄지은 이탈리안 레스토랑이 있고, 저 멀리 미드타운의 엠파이어 스테이트 빌딩^{Empire State Building}이 보인다. 그냥 걷는 것만 해도 작은 유럽에 와 있는 것 같아 기분이 좋아진다.

    미술관 건물은 예전 반카 스타빌레^{Banca Stabile}라는 이름의 은행 건물이었다고 한다. 1885년 이탈리아 이민자인 프란시스코 로사리오 스타빌레^{Francesco Rosario Stabile}에 의해 설립된 은행이다. 예전 은행 업무에 사용되었던 오래된 금고 등을 비롯해서 이탈리아 이민자들의 삶을 보여 줄 만한 사진이나 오래된 물건들이 전시되어 있다. 아직은 보기 좋게 전시되어 있는 수준이 아니어서 오래된 골동품 가게 같은 느낌이 많다.

작품이없는 미술관 or 작품이다인 미술관

뉴 뮤지엄
New Museum of Contemporary Art

235 Bowery New York, NY 10002
(212) 219-1222
www.newmuseum.org

뉴욕현대 미술관 보통 모마라고 부른다 에서 자원봉사를 하면서 동료 자원봉사 어르신들에게 종종 들은 말이 있다. 뉴뮤지엄은 미술이 없는 미술관이라고. Museum with no art! 혹평이 아닐 수 없었다. 모마에서 근무하는 자원봉사 어르신들은 보통 은퇴를 하시고 여가를 즐기는 차원에서 봉사활동을 하신다. 모마 아이디가 있으면 미국 대부분의 미술관을 무료로 입장할 수 있는 특권이 있는 데다(같은 미술관 종사자에게는 최대 2장까지 무료 입장권을 제공한다) 시간적 여유가 있어 맨해튼 구석구석 미술관을 다니신다.

전시 경험이 많은 이런 어르신들의 전시 리뷰는 대부분 정확할 경우가 많아 뉴뮤지엄 방문길이 그렇게 설레지만은 않았다.

그런데 엄청난 혹평에도 불구하고 뉴뮤지엄은 기대 이상으로 신선했다. 미술관 곳곳은 미술과 미술 그 이상의 작품들로 가득 차 있었다. 한층 한층 전시 감상을 하면서 왜 어르신들이 이곳을 미술이 없는 텅 빈 공간이라며 혹평을 하셨는지 대충 감을 잡게 되었다.

레오나르도 다빈치, 미켈란젤로, 렘브란트 등의 고전 대가들의 작품에 우리는 아직도, 그리고 앞으로도 열광할 것이다. 그들의 엄청난 천재성을 동경하면서 그들이 남겨놓은 미술학습법을 고수하고자 하는 의식이 우리에게 스며들어 있다. 그림을 그리고, 색을 입히고, 조각을 할 때는 물론, 작품을 감상할 때조차 이러한 방법을 이용한다. 우리의 머리는 아직도 색 pigment, 형상 figure, 주제 theme 등 고전 미술이 지닌 요소들에 반응하고 또 그에 의존해서 작품을 판단하거나 감상한다.

근대 미술까지는 이런 전통적 방식에 의한 미술 감상이 크게 문제되지 않는다. 피카소가 형상을 좀 새로운 각도로 그리긴 했어도, 잭슨 폴락이 형상을 아예 파괴하기는 했어도 그래도 색이 있고 주제가 있었다. 물론 마르셀 뒤샹의 「샘 Fountain」을 받아들이는 것이 쉬운 일은 아니었다.

잭슨 폴락Jackson Pollock, 1912-1956
「넘버 31, 1950One: Number 31, 1950」
캔버스에 유채 및 에나멜 물감, 269.5 x 530.8cm
1950년, 뉴욕현대 미술관

미술관 건물

미술관 로비

갤러리 내부

말하는 일상의 물건들

전시 일부

하지만 더 큰 문제는 그 이후부터다. 요즘의 현대 미술을 이해함에 있어 이런 오래된 습관들은 장애물이 된다. 그림이 지녔던 전통적 요소들이 작품에서 사라진 지 오래인데 감상 방법이 그대로라는 것은 말이 안된다. 전통적 방법에 의해서 뉴뮤지엄을 관람한다면 정말로 뉴뮤지엄은 작품이 없는 그저 텅 빈 공간에 불과할 것이다.

철저히 현대미술적 관점으로 구성된 이곳의 전시는 전통적인 미술의 그 어떤 것과도 비슷하지 않다. 어두운 방에 높게 세워진 포디움$^{podium, 단}$에 환한 조명이 비춰진다. 멋진 조각상이 있을 법한 이 석고 포디움에는 조각상 대신 일상에서 사용하는 평범한 물건이 전시되어 있었다. 그리고 이 물건들 뒤로 말소리가 녹음되어 재생된다. 물건들은 알 수 없는 대화를 주고 받는다. 도대체 뭘 말하려는 건지, 이것이 미술작품이기는 한 것인지 고개가 갸우뚱해진다.

뉴뮤지엄의 작품들은 벽에 걸려 말이 없는 갤러리의 2차원적인 작품이 아니다. 3차원과 4차원을 넘나들며 공간에 대한 정의를 새롭게 써내려가고 있는 그야말로 살아있는 현대미술작품이었다.

뉴뮤지엄은 휘트니미술관에서 1967년부터 1976년까지 큐레이터로 활동한 마르시아 터커$^{Marcia\ Tucker,\ 1940-2006}$의 아이디어로 시작되었다. 뉴뮤지엄의 설립자인 그녀는 동시대에서 활동하는 현대작가들의 작품이 전통적인 미술관의 벽과는 어울리지 않는다는 것을 느끼고 이들을 위한 대안공간을 마련하고자 했다. 1977년부터 1999년까지 설립디렉터로 미술관과 함께한 그녀의 활동을 시작으로 뉴뮤지엄은 현대미술의 인큐베이터 역할을 하고 있다.

현대미술의 인큐베이터답게 특이한 건축으로도 눈길을 끈다. 일본인 건축가인 카츠요 세지마$^{Kazuyo\ Sejima}$와 류에 니시자와$^{Ryue\ Nishizawa}$가 미술관 건축을 맡았는데, 총 7층의 미술관은 8개의 각기 다른 사각형 모양의 형태가 대충 쌓여진 듯한 모양이다. 툭 치면 와르르 넘어질 것만 같은 미술관은 보에리 스트릿$^{Bowery\ Street}$의 명소이자 현대미술 그 자체를 건축으로 대변하고 있다.

인간최고의 경지에 다다르다, Yab-Yum

티베트 하우스
Tibet House US

22 West 15th Street New York, NY 10011
(212) 807-0563
www.tibethouse.us

　　차가운 겨울 살을 에는 듯한 밤공기를 따뜻한 아침 햇살이 잠재울 무렵이 있다. 밤새 텁텁한 히터바람으로 찌든 나의 허파가 아침 공기를 깊이 들이마실 때 느낄 수 있는, 차갑고도 상쾌한 그 기운이 티베트의 공기와 비슷하지 않을까라는 생각을 해본다.

　　고도 14,850피트, 지구상에서 가장 높은 나라 티베트. 하늘과 땅의 경계에 살고 있는 티베트 사람들은 종교적 믿음으로 그들의 고된 삶을 위로하며 살아간다. 오염되지 않은 자연의 청아함을 간직한 티베트인들의 삶과 종교를 만날 수 있는 곳이 바로 티베트 하우스이다.

　5에비뉴와 6에비뉴 사이 15가$^{15th\ Street}$의 한 작은 건물 2층에 조용히 자리하고 있는 티베트 하우스는 그들만의 독특함으로 나를 사로잡았다. 티베트의 제14대 달라이 라마$^{Dalai\ Lama}$는 티베트 문명과 문화를 연구, 보존시켜 줄 문화 단체의 설립을 희망하였고, 그의 바람에 동참한 콜롬비아대 교수 로버트 터만$^{Robert\ Thurman}$, 작곡가 필립 그래스$^{Philip\ Glass}$ 그리고 영화배우 리차드 기어$^{Richard\ Gear}$가 1987년에 티베트 하우스를 설립했다.

　리차드 기어의 불교에 대한 관심은 유명하다. 그는 20살 무렵부터 불교에 관심을 가졌고 일본식 불교인 선종$^{Zen\ Buddism}$을 공부한 것으로 알려져 있다. 6년 남짓의 수행을 거친 후, 기어는 1978년 네팔로 여행을 떠났고 그곳에서 티베트 불교를 접하게 되었다. 곧 그는 중국의 탄압을 피해 인도로 망명 중인 14대 달라이 라마를 만나게 되었고 그 후 그의 후원자가 되었다고 한다.

티베트 하우스 설립 당시 달라이 라마, 리차드 기어, 그리고 다른 공동 설립자들

사진 출처: 티베트 하우스 공식 홈페이지

티베트는 중국 남서부에 있는 티베트족族 자치구로 인도 북부의 히말라야 산맥에 자리하고 있다. 이곳은 지구상 최대이자 최고 고원이고 티베트는 이 고원의 대부분을 차지하는 나라다. 2차 세계 대전 때 중립을 지킨 티베트는 종전 이후에도 독립정부를 구성하고 있었으나, 1949년 중국 전역을 장악한 중공군이 1950년에 티베트를 침공하고 만다.

그로 인한 민중의 불안은 극에 달했고, 결국 1951년 백성들의 안전을 위해 티베트 정부는 중국 정부가 내미는 17개 항의 조약을 승인하게 된다. 이로써 티베트는 공식적으로 중화인민공화국의 일부가 되었다.

중국의 티베트 문화 말살정책에 대항하던 14대 달라이 라마는 어떻게든 그들의 문화만은 보호하려 했다. 신앙심으로 형성된 티베트의 독특한 문화와 정신은 세계 곳곳의 평화주의자들의 도움으로 명맥을 이어가고 있다. 뉴욕에 설립된 티베트 하우스는 그들의 노력에 대한 시각적 증거이다.

1층 입구 오른편에 위치한 벨을 누르고 잠시 기다리면 문을 열어준다. 2층으로 이어지는 층계는 마치 최고도의 티베트로 향하는 여정처럼 좁고 가파르지만 왠지 모를 기대감에 흥분과 설렘이 공존하는 순간이다.

가파르고 높은 계단을 올라 2층에 다다르면 아쉽게도 단번에 시선을 사로잡는 작품이나 번지르르한 실내장식은 찾기 어렵다. 고개를 갸우뚱하며 안으로 들어가 보면 곧 소박하고 겉치레가 없는 단백한 이 공간에 마음이 여유로워지고 만다.

티베트 하우스 입구

갤러리 복도

스토어 겸 로비

　2층 입구에 서서 보면 오른편으로 시원하게 난 창문이 있고 그 창문 앞으로 앉으면 푹신하게 몸을 감싸 줄 것 같은 작은 소파가 눈에 들어온다. 지친 몸을 소파에 털썩 맡기고 찬찬히 주위를 살펴보니 달라이 라마의 명상집을 비롯해서 티베트의 문화와 종교, 역사에 관한 각종 서적과 전통인형, 장신구 등을 판매하는 일종의 미술관 스토어가 로비 역할을 하고 있었다. 비록 영문으로 쓰여진 서적들이지만 대부분 티베트의 곳곳을 찍은 사진들이 상당 부분 삽입되어 있기 때문에 전시 감상에 앞서 살펴보면 티베트 사람과 문화에 대해서 조금은 알고 시작할 수 있다.

Yab-yum 자세의
티베트 신의 모습

스토어 반대편으로 좁게 난 통로를 거치면 본격적인 전시공간이다. 티베트의 현재를 보여주는 사진전과 티베트의 전통적인 불교 미술품 등이 전시되고 있었다.

그중 가장 눈길을 끄는 작품은 Yab-Yum^{Father-Mother} 자세를 취한 부처님 상이었다. 최고 경지의 조화를 상징한다는 이 부처님상은 두 가지의 다른 성질이 결합함으로써 종교적 경지에 오름을 뜻한다. 남성의 모습을 한 신^{deity}과 그의 여성 배우자^{consort}가 결합하는 이 모습은 내가 아는 불교사상으로 볼 때는 금기를 넘어 모독에 가까울 것 같다는 생각이 들어 잠시 혼란스러웠다.

하지만 이런 상징은 티베트, 네팔, 부탄, 인도 등지의 불교미술에서는 일반적인 주제이다. 특히 기도와 명상을 주된 신앙활동으로 삼으며 성^性을 인정하는 티베트의 탄트라 불교에서는 주된 가르침의 하나라고 한다. 이런 상징은 기도를 하는 자로 하여금 신비스런 경험을 하게끔 하여 깨우침에 다다르게 한다. 척박한 삶 속에서 오로지 기도와 명상을 통해서 종교적 경지에 이르고자 하는 티베트인들의 고되지만 독특한 삶의 방식이 말미암은 문화의 한 일면을 만났던 것 같다.

찬란한 동양의 아름다움을 만나다

루빈 미술관
Rubin Museum of Art

150 West 17th Street New York, NY 10011
(212) 620-5000
www.rmanyc.org

파리의 루브르 미술관*Louvre Museum*이나 뉴욕의 메트로폴리탄 미술관과 같은 대형 미술관을 방문하면 그들의 엄청난 문화유산에 그저 감동한다. 그리고 그 감동 뒤에는 부러움이 몰려온다. 찬란하고 당당하게 그들의 문화유산을 세계인들과 공유하는 있는 자(?)의 여유로움과 경쾌함 때문이랄까. 서양문화는 찬란한 빛과 같은 느낌이 있다. 그들의 미술은 세계를 군림했던 그들의 전성기를 찬양하기에 조금의 미흡함도 없다. 그래서인지 나는 서양미술의 색은 강하고 밝으며 서양 미술의 스케일은 크고 담대하다고 여겼다.

루빈미술관로비

로비와 스토어일부

미술관스토어

　　그 반면 우리의 전통 동양미술은 신비스럽고 정적이며 조용한 것이라고 생각했다. 서양 작품이 가슴 떨리는 벅참이라면 동양미술은 잔잔한 떨림 같았다. 물론 이 말도 안 되는 생각은 다양한 문화를 접해 보지 못해 생긴 나의 선입견이었다.

　　루빈 미술관은 히말라야 산맥 주위 국가인 네팔, 티베트에서부터 부탄과 인도, 몽골, 중국에 이르기까지의 다양한 문화와 종교예술을 전시해 놓았다. 미술관 컬렉션의 연대는 2세기를 시작으로 21세기까지 광범위하다. 이곳에서 만난 히말라야 예술 Himalayan Art 은 내가 알고 있던 동양의 정적인 불교예술이 아니었다. 화려한 색채가 주는 흥분은 가슴을 요동치게 했고, 굵직한 표현력은 마치 살아 꿈틀대는 듯했다. 이곳의 힘찬 생명력과 웅장함은 잔잔한 떨림이 아닌 가슴 벅참을 경험토록 했다. 루브르의 감동과는 다르지만 그만큼 강렬했다.

히말라야 산맥 주위의 척박한 땅에 살던 사람들은 그 삶이 쉽지 않았으리라. 그런 그들에게 종교는 삶이고, 종교예술은 유일한 위로이자 현실에는 없는 행복과 기쁨을 맛보게 해주었을 것이라 생각한다. 현실과는 비교할 수 없을 정도로 더 다채롭고 더 강렬하고 더 생명력이 넘쳤다. 현실을 넘은 생생함이 느껴졌다 Beyond vivid.

　　7에비뉴와 17가 17th Street 코너에 자리 잡고 있는 루빈 미술관 건물은 여느 미술관들처럼 독특한 외관으로 단박에 시선을 사로잡는 건물은 아니었다. 사실 무수히 미술관 옆을 걸어 다녔지만 미술관이 있다고는 상상도 못해봤으니 말이다. 정말 평범한 네모의 벽돌건물이다.

　　이런 곳에 미술관이 있었단 말이야? 눈을 의심하며 무성의하게 입구로 들어섰다. 아니 그런데 이게 웬일! 일단 로비에서 풍기는 분위기가 심상치 않았다. 깔끔하고 고급스러운 실내 인테리어와 이국적인 기념품이 가득한 스토어, 이국의 향이 나는 레스토랑 Café@RMA까지. 짙은 갈색이 미술관 실내에 통일성을 주고 있었고 세련된 스파에 온 듯한 느낌까지 주었다. 오늘은 성공이다. 갤러리 내부로 들어가 보지 않아도 이 방문은 성공이라는 확신이 들었다.

Café@RMA

나선형 계단

정말 기대 이상이었다 Beyond expectation. 이제껏 경험해 보지 못한 동양의 역동적이고 신나는 작품을 만나게 된 것이다. 미술관은 총 7층으로 구성되어 있고 지하 레벨에도 작은 전시공간이 있어 총 8개의 층으로 구성되어 있다. 1층 로비 중앙에는 7층까지 한 눈에 볼 수 있는 나선형 계단이 있다. 나선의 부드러움과 곡선이 뿜어내는 자유로움이 아름답게 미술관 전체를 휘어 감고 있다.

이곳 1층 나선형 계단 앞에 서서 입이 떡 벌어져 있는 나에게 전통복장을 한 중년의 여성이 부드러운 미소를 지으며 다가왔다. 그녀는 미술관 도슨트로 일종의 갤러리 투어를 제공하시는 분이다. 주중에는 오후 3시, 주말에는 오후 1시와 3시 두 차례에 걸쳐 갤러리 투어에 참여할 수 있다. 그녀는 도슨트 치고는(대부분의 미술관 도슨트는 일반적으로 훈련을 받은 자원봉사자일 경우가 많다) 아주 해박한 지식을 가지고 계셨다. 아니나 다를까 명함을 건네시는데 여러 문화단체에서 히말라야 미술에 대한 강의도 나가시는 분이었다. 그녀는 나에게 어떻게 이 미술관의 작품을 감상해야 할지 길을 터주었다. 그날따라 투어에 참여하는 사람이 나밖에 없어 개인 레슨을 받을 수 있었다.

루빈 미술관은 도날드 루빈 Donald Rubin 과 그의 아내 셜리 루빈 Shelley Rubin 이 1974년부터 모은 개인 소장품을 바탕으로 미술관 컬렉션을 구성했다. 이 부부는 1998년 이곳 첼시에 2천 800만 달러를 들여 건물을 구입했다. 처음에는 바니스 뉴욕 Barneys New York 이라는 백화점 건물로 사용이 되었는데 백화점이 부도를 맞으면서 미술관으로 리모델링 되었다. 1층 나선형 계단은 럭셔리한 백화점이 남긴 흔적이고 갤러리 내부의 클래식한 분위기 역시 그러하다.

루빈 미술관은 2004년 10월에 개관을 했고 그림, 조각, 텍스타일 등의 종교예술품을 합치면 1000여 종이 넘는다. 갤러리에 들어서면서부터 시작되는 화려한 색의 향연에 예전에는 미처 몰랐던 찬란한 동양의 아름다움을 만나게 된다. 이렇게도 다양하고, 이렇게도 화려하고, 이렇게도 정교하다.

「요감바라」Yogambara
텍스타일, 96 x 63cm
티베트, 17세기, 루빈 미술관

폴락에 지친 나를 일깨우다, 장미오테

첼시 미술관
Chelsea Art Museum
556 West 22nd Street New York, NY 10011
(212) 255-0719
www.chelseaartmuseum.org

　　첼시 갤러리들을 둘러볼 때 어김 없이 드는 생각은 현대 뉴욕예술에는 너무 많은 폴락이 있다는 것이다. 캔버스를 바닥에 뉘이고 물감을 뿌리면서 그만의 독특한 트랜드를 만든 폴락은 많은 작가들을 전통적인 고정관념에서 자유롭게 했다. 더 이상 뉴욕은 훈련과 학습에 의한 천재적 테크닉에 열광하지 않았다. 어떤 특정 형상을 대상화하는 방법에서 완전히 탈피하여 무한의 자유를 추구하는 듯한 추상예술은 마치 뉴욕을 상징이라도 하듯 빠르게 자리 잡았고, 당연히 뉴욕예술에 있어 폴락은 빠질 수 없는 작가이며, 아직까지도 많은 작가들의 작품에서 그의 흔적을 쉽게 찾을 수 있다. 특히나 이곳 첼시 갤러리에 오면 폴락과 비슷비슷한 작품들이 눈에 띈다.

쉽게 볼 수 있어서인지 처음 뉴욕의 추상미술(혹은 추상표현주의)을 접했을 때 받았던 신선한 충격은 더 이상 어떤 작품에서도 받을 수가 없었다. 좋은 작품을 보고 있음은 분명한데 감동을 받을 수 없다는 것은 참 불행한 일이다. 그런데 드디어 나를 이 불행에서 구해준 한 작가를 첼시 미술관 여행길에서 만나게 되었다.

첼시미술관 입구

첼시미술관 외관

2, 3층으로 향하는 층계

층계 사이로 본 전시공간

'추상표현주의 Abstract Expressionism'는 1940년대와 1950년대 미국 화단을 지배한 회화 양식을 가리키는 용어이다. 형식적으로는 추상적이나 내용적으로 표현주의적이라는 의미로 미국의 평론가 알프레드 바 Alfred Barr, 1902-1981 가 1929년 칸딘스키의 초기 작품을 가리켜 이 용어를 처음 사용했다. 이후로는 폴락이나 드쿠닝의 작품에 사용되면서 일반화되었다. 형상성을 초월하고 형상을 거부하는 자유분방함으로 이들의 작품을 말할 수 있다.

아담한 크기의 첼시 미술관은 미술관이라기보다는 규모가 큰 갤러리 정도의 느낌이다. 내가 방문했을 때에는 젊은 현대작가 전이 열리고 있었다. 훌륭한 작품들임은 분명했지만 또, 그들에게서 폴락이 보였다. 아쉬운 마음을 가지고 3층으로 올라가 보았다. 그런데 놀랍게도 이곳에서는 아래층에서 보았던 폴락은 이미 자취를 감춘 지 오래였다. 그가 누구인지 기억도 나지 않을 정도였다.

폴락의 작품을 형상화에서 완벽히 벗어나 작가의 영혼과 감성을 내뿌린다라고 표현한다면, 이곳에서 만난 작품은 형상화를 극히 제한하되 작가의 영혼을 침착하고 세심하게 묻혀냈다라고 표현할 수 있을 것 같다. 폴락보

> 폴락은 페인트를 뿌리는 기술로 작품을 제작해서 그의 작품을 액션페인팅 Action Painting 혹은 드립페인팅 Drip painting 이라고도 한다.

다는 질서감이 있고 훨씬 정적인 이 작품들 속의 추상세계는 내게는 새로운 충격이었다. 물감이 진득하게 묻은 브러쉬의 제스처가 만들어 낸 풍부한 질감이 캔버스 위에 고스란히 묻어 있었다. 너무 많은 폴락에 지쳐있던 나의 심장이 드디어 다시 뛰기 시작했다.

내 심장을 뛰게 해준 고마운 작가는 프랑스 태생 추상작가 장 미오테 Jean Miotte, 1926- 였다. 그의 작품은 추상미술 중에서도 앵포르멜 일정한 형태가 없는 비정형非定形미술 이라는 양식으로 구분된다. 2차 세계 대전 이후 유럽에서 태어난 앵포르멜은 미국의 추상표현주와 비슷하기는 하나 내용적으로는 다르다. 폴락의 액션페인팅이 제스처를 강조했다면 앵포르멜은 마티에르를 중시하는 물질화 matter painting 로 설명된다. 앵포르멜의 대표적 작가로는 독일 추상작가 볼스와 프랑스 작가 장 뒤뷔페가 있다.

잭슨 폴락Jackson Pollock, 1912-1956
「하얀 빛White Light」, 캔버스에 유채
에나멜 물감, 알루미늄 물감, 122.4 x 96.9cm
1954년, 뉴욕현대 미술관

장 미오테의 작품이 전시된 3층 갤러리

미술관로비 겸 스토어

장미오테 작품 일부
matter painting 페인트의 질감을 볼 수 있다.

갤러리 내부

첼시 갤러리

다운타운 첼시 디스트릭 중 집중적으로 갤러리들이 모여 있는 지역은 10에비뉴와 11에비뉴 사이 20가 20th Street 부터 27가 27th Street 까지이다. 갤러리들이 한곳에 모여 있어 뉴욕의 현대미술을 한 눈에 살필 수 있다. 주말에는 가족단위 방문객도 많고 근처에 유명한 로컬식당들도 쉽게 찾을 수 있어 편리하다. 허드슨 강변을 끼고 있어 강변 산책까지 즐기게 되니 주말 나들이로 적합한 곳이다.

물론 입장료는 무료! 새침한(?) 갤러리지기들은 누가 들어오든 말든 신경도 쓰지 않으니 부담 갖지 말고 마음껏 작품 감상하기 바란다. 작가나 전시 소개를 위해 엽서를 만들어 무료로 배치해두는 경우가 많으니 관람 후에 꼭 챙겨오면 나름 기념품이 된다.

Midtown

2장 감각적이되 가볍지 않다
Manhattan

중세의 심장, 성십자가를 영접하다 [모건 미술관]
미디어를 전시하고 소장하다, 세계 최대의 소장품을 자랑하는 미디어 센터 [페일리 미디어 센터]
오래된 역사 속 한 시대를 풍미하다 [오나시스 문화센터]
관람객이 작품이 되는 미술관을 말하다 [뉴욕현대 미술관]
거장들의 발자취를 따라가다 [뉴욕 예술학생연합]
이상한 나라의 엘리스가 되다 [디자인 미술관]
서양에서 보는 동양미술 [아시아 소사이어티]
강인하고 솔직한 아메리칸 모더니즘 [휘트니 미술관]

중세의 심장, 성십자가를 영접하다

모건 미술관
Morgan Library & Museum

225 Madison Avenue New York, NY 10016
(212) 685-0008
www.themorgan.org

　　모건 미술관을 처음 방문한 것은 학부시절 중세미술사수업을 들으면서다. 중세는 영어로 Middle age, 문자 그대로 중간의 시대라는 뜻이다. 기원후 3세기까지를 고대라 보고, 콘스탄티누스 대제가 기독교를 공인한 이후 4세기부터 르네상스가 시작되기 전인 약 14세기까지를 대략 중세라 한다. 중세의 앞뒤에는 고대미술과 르네상스미술이 있으니 이 둘 사이의 시기여서 중세인가 보다. 하지만 무려 1000년의 세월을 고작 중간에 낀 시대라 표현하다니 중세를 거치는 동안 답답한 게 많았나 보다.

모건 저택

모건 미술관 본관입구

미술관입구표

미술관 측면

중세라는 말은 르네상스에 와서 붙여졌다고 한다. 신의 영광만을 추구했던 중세의 종교미술을 비판하면서 신 대신 인간을 우위에 두고 이룬 르네상스 미술이 부린 잘난 척이라고 볼 수 있다. 뭐, 르네상스니까. 그 정도의 잘난 척은 참고 넘겨야겠지만 중세를 중간에 끼인 시대 정도로 지나치기에는 그 역사와 문화의 깊이가 실로 대단하여 중세시대의 미술을 사랑하는 나로서는 그 이름이 좀 억울하다.

1000년의 중세시기를 세분화 해보면 비잔티움 Byzantium, 콘스탄티노플, 지금의 이스탄불을 중심으로 5, 6세기에 전성기를 이루고 12세기까지 번영하였던 비잔틴 미술, 중세 유럽 전역을 중심으로 11, 12세기에 유행한 로마네스크 미술, 그리고 12세기 중엽부터 14세기에 이르는 고딕미술로 나누어진다. 각기 특징이 다르지만 일단 중세 하면 공통적으로 성당건축물과 필사본 manuscript이 떠오른다. 내가 들었던 학부수업에서는 필사본 중에서도 채색본 Illuminated manuscript의 삽화를 주로 다루었다.

필사본은 인쇄를 하지 않고 손으로 글을 써서 만든 서적으로 인쇄술 발명 이전의 출판 형태라 보면 된다. 중세시기에는 특히나 이런 필사본이 성경이나 기도서의 용도로 제작되었고, 본문의 아름다운 문체 이외에도 장식 삽화나 표지의 장정은 회화나 공예작품으로 독립되어 취급되기도 한다. 이런 필사본을 다량 보유하고 있는 미술관이 모건 미술관이다. 이에 교수님께서는 우리를 모건 미술관에 데려가 주셨고 덕분에 큐레이터가 직접 필사본을 한 장 한 장 넘기며 설명을 해주었다.

필사본은 양피 지장정본으로 잘 구겨지지도 않고 질겨서 잘 훼손되지도 않아서 긴 세월 동안 그대로 보존되었다고 했다. 필사본을 직접 가까이서 보는 것만도 영광인데 페이지가 넘어가는 신기한 구경을 하게 된 것이다. 어린이 책상만한 크기의 필사본 페이지가 넘겨질 때마다 책장의 메마른 건조함이 코를 자극했고 책장

「스타벨롯 삼단화 Stavelot Triptych」
모산지방, 48 × 66cm
12세기 중반, 모건 미술관

속 금빛 화려함은 감히 범접하기 어려운 위엄을 가지고 있었다. 수려한 문체와 채색삽화는 아름다움을 넘어 과거에 대한 동경과 신비를 불러일으켰다.

　모건 미술관은 1906년 메디슨 에비뉴, 33가 33rd Street에 위치한 모건 John Pierpont Morgan, 1837-1913의 저택 바로 옆에 세워졌다. 모건은 미국의 유명 금융가이자 미술 컬렉터로 알려져 있다. 모건이 살아생전 소장하고 있었던 희귀도서와 각종 필사본 중세-르네상스, 문학·역사·음악 필사본이 모건 미술관의 주요 컬렉션이고 이외에도 거장들의 드로잉이나 중세 종교예술품도 전시된다.

　모건 미술관은 그 분위기가 여느 미술관과는 좀 다르다. 약간 신비스러우면서도 학술적이라고나 할까. 입구에 들어서면서부터 감지되는 고요한 기운과 정갈한 갤러리 분위기에 마치 중세시대 도서관에 들어선 듯한 기분이 든다.

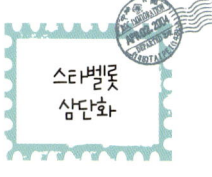

이 작품은 세 폭으로 된 제단화로 12세기 중반 벨기에의 모산 지역에서 제작되었다. 예수님이 실제로 못 박히신 십자가인 성십자가 True Cross의 파편을 제단화 중앙 유물함에 모시고 있다. 'Triptych'는 세 폭짜리 그림을 뜻하는 말로 특히 교회 제단 위에 놓이기에 세 폭 제단화, 혹은 삼단화라고 한다.

　모건 미술관의 스타벨롯 삼단화는 그 중앙에 두 개의 또 다른 삼단화를 품고 있다. 모두 금과 에나멜로 제작되었으며 두 개 중 조금 더 큰 아래쪽의 삼단화에는 실제 성십자가의 파편으로 만든 작은 십자가가 모셔져 있다. 양쪽 날개에 있는 6개의 메달리온 Medallion에는 성십자가의 전설을 그려 놓았다.

왼쪽 날개 세 개의 메달리온. 아래서부터

　　왼쪽 가장 아래의 메달리온에서부터 이야기가 전개된다. 로마의 황제 콘스탄티누스 1세가 밀비아 다리에서 막센티우스와 전투를 벌이기 전날 밤 꿈을

- 콘스탄티누스 1세 Constantinus, 274-337 : 로마의 국교를 그리스도교로 공인함
- 막센티우스 Marcus Aurelius Valerius Maxentius 278-312 : 306-312까지의 로마의 황제, 밀비우스 전투에서 전사함

꾸게 된다. 꿈에 천사가 나타나 성십자가를 가리키며 그에게 이 표증이 있는 곳 아래에서 승리하게 되리라고 예언한다. 이어서 두 번째 메달리온에서는 천사가 예언한대로 십자가 아래에서 승리하는 콘스탄티누스의 모습이 보이고, 마지막 세 번째 메달리온은 콘스탄티누스가 죽기 전 세례를 받는 모습이다.

　　오른쪽 세 개의 메달리온은 성녀 헬레나 Saint Helena, 콘스탄티누스 대제의 어머니 가 성십자가를 찾아가는 이야기를 하고 있다. 역시 아래서부터 이야기가 시작되는데 헬레나 성녀가 유대인들에게 성십자가의 위치를 묻고 있는 장면이다. 장소를 알게 된 헬레나 성녀는 하인들을 시켜 골고타 언덕에서 성십자가를 파낸다. 이때 예수님과 함께 처형된 두 강도의 십자가도 함께 발견된다. 이 세 개의 십자가가 병자를 치료하는 힘이 있는지를 시험하는 헬레나 성녀의 모습이 이야기의 마지막이다.

오른쪽 날개 세 개의 메달리온. 아래서부터

　　성십자가에 얽힌 이 이야기는 중세시대에 널리 전해진 전설로 기독교미술에 자주 등장한다. 예수님이 못 박히신 실제 십자가의 파편이 모셔져 있다니 현대를 살아가는 나이지만 그 신성한 기운에 마음이 경건해졌다. 치유의 능력이 있다고 믿어진 성십자가를 영접하기 위해서 중세 사람들은 어려운 순례의 길을 나서기도 했을 것이다. 순례가 삶의 사명이었던 중세의 그들과는 감히 비할 수 없이 쉽고 편했던 나의 순례길이지만 중세의 심장을 영접한 것 같아 마음 한 구석 세속적인 걱정들이 다 치유되는 것 같았다.

미디어를 전시하고 소장하다, 세계최대의 소장품을 자랑하는 미디어센터

페일리 미디어 센터
Paley Center for Media

25 West New York, NY 10019
(212) 621-6800
www.paleycenter.org

페일리 미디어 센터는 미국의 대표적인 텔레비전 방송국 중 하나인 CBS^{Columbia Broadcasting System}의 사장이었던 윌리엄 페일리^{William S. Paley, 1901-1990}가 1975년 설립했다. '페일리 미디어 센터'라는 이름으로 불리기 시작한 것은 2007년에 와서이고 그 전에는 '텔레비전, 라디오 박물관^{Museum of Television and Radio}'이라 불렸다. 최근 들어서 인터넷과 이동통신기기 등이 발달하면서 미디어의 범위가 넓어졌고 이에 미디어 센터라는 새로운 이름으로 거듭나게 되었다.

페일리 미디어 센터

　미디어 센터라니. 도대체 뭘 하는 곳인지 감이 오지 않았다. 텔레비전이나 라디오, 컴퓨터 등을 왕창 가져다 놓고 시끌시끌한 전시를 하는 곳인가? 미디어를 어떻게 전시한다는 건지 궁금해진 나는 결국 길을 나섰다. 입구에 들어서 보니 로비의 작은 갤러리 공간에서 특별전이 열리고 있었다.

　3D의 스펙타클한 입체감과 빵빵한 오디오 사운드 등을 내심 기대했던 나는 전시의 밋밋함에 그만 실망해버렸다. 적어도 멋들어진 텔레비전 스크린이랑 애플 컴퓨터 몇 대는 보게 될 줄 알았는데 기껏해야 포스터와 사진 몇 장이 전부인 전시였다. 실망감에 오늘 방문은 별거 없겠구나 생각하며 체념한 마음으로 로비를 어슬렁거리며 둘러보았다.

페일리 미디어 센터 로비

　　로비 한쪽 벽면에 컴퓨터 몇 대가 달랑 놓여 있었는데 마침 의자도 있고 해서 내친 김에 일단 앉았다. 잠시 앉았다 일어나려 했는데 컴퓨터 스크린에 '컬렉션 하이라이트 Collection Highlights'라는 글귀가 눈에 들어왔다. 이왕 왔는데 컬렉션 하이라이트 구경은 해야지 싶어 헤드폰을 쓰고 둘러보기 시작했다.

　　전체 컬렉션 중에서 약 100여 가지 정도를 선정해서 카테고리 별로 구분을 해놓았다. 광고, 다큐멘터리, 드라마, 뉴미디어, 음악, 예술, 라디오, 스포츠, 토론, 어린이 프로그램, 코미디 프로그램, 인터네셔널 프로그램, 리얼리티 프로그램 등의 카테고리였다. 머리 아픈 토론이나 다큐멘터리는 구미에 당기지 않고 해서 어린이 프로그램을 한번 선택해 보았는데 여러 프로그램 중에 낯익은 제목이 하나 보였다. 어린 시절에 즐겨 보았던 만화 「찰리 브라운」이었다.

미디어 센터 컬렉션 하이라이트를
볼 수 있는 컴퓨터 스테이션

컴퓨터 스테이션 화면

　오랜만에 「찰리 브라운」을 보게 되니 마치 어린 시절의 나로 돌아간 듯한 향수가 느껴졌다. 참 이상한 일이었다. 왠지 모를 아련한 기분이 들기 시작했다. 우리는 일상의 매 초, 매 순간, 매 시간 미디어를 접한다. 그것이 어떤 형태로든지 말이다. 그런데 이런 미디어 조각들은 대부분 보관되지 못하고 날아가버리기 일쑤다. 어린 내게 「찰리 브라운」은 초등학교 졸업앨범보다 소중했건만 앨범은 남아있지만 「찰리 브라운」은 잊었으니 말이다.

　우리가 지나왔던 이런 일상의 미디어 조각들이 이 작은 컴퓨터 몇 대에 보관되어, 전시되고 있다고 생각하니 미디어 센터라고 해서 대형 스크린이나 기대하고 왔던 내가 갑자기 부끄러워졌다. 난 앉은 채로 그곳에서 「찰리 브라운」 3편을 보고야 겨우 일어날 수 있었다.

미드 「로스트」의 포스터 전시

「찰리 브라운」 덕에 생긴 미디어 센터에 대한 기대감으로 2층과 3층을 올라가 보았다. 2층에는 드라마나 영화 상영을 위한 극장과 컨퍼런스 룸이 마련되어 있었고 벽에는 당시 방영되고 있던 미드 「로스트Lost」 포스터가 붙여져 있었다.

3층은 도서관이었다. 여느 도서관과는 참 다른 모습이었는데 신기하게도 도서관에서 책은 단 한 권도 찾아 볼 수 없었다. 책 대신 도서관을 가득 채우고 있는 것은 수십 대의 컴퓨터였다. 어리둥절하게 서 있는 내 모습이 처음이 아니라는 듯한 표정의 노신사 한 분이 조용히 다가오시더니 이곳을 처음 방문하냐, 어디서 왔냐는 등의 질문을 하시면서 나를 자리로 안내해 주셨다.

덕분에 컴퓨터 앞에 앉기는 했는데 뭘 해야 할지 감이 오지 않았다. 한참을 멍하니 있다가 일단 한국미술Korean Art을 검색해 보기로 했다. 일반적으로 구글에 한국미술을 검색하면 한국미술에 대한 정의를 설명해주는 위키 페이지가 가장 위에 뜨고 그 아

래로 신문기사나 전시 등등의 관련정보를 볼 수 있다. 그런데 이곳에서 한국미술을 검색하니 한국미술과 관련된 모든 미디어자료가 검색되었다. 뉴스도 있고 광고나 패널 디스커션도 있었다. 단순히 검색어에 대한 정보가 아닌 검색어와 관련된 사회현상과 동시대 사람들의 생각을 알 수 있었다.

페일리 미디어 센터의 컬렉션은 실로 방대했다. 한국미술을 검색한 것만으로도 수백 개의 관련 미디어가 열람 가능했으니 말이다. 그 어떤 미술관의 컬렉션도 미디어 센터의 컬렉션 양과 비교가 되지 않을 것 같았다. 모든 종류의 한국미술이 이곳에 보관되어 있기 때문이다. 그것이 토론의 형태일 수도 있고, 뉴스의 형태일 수도 있고, 다른 어떤 창의적인 형태일 수도 있다. 형태가 무엇이든 간에 이곳의 전시는 그 어떤 전시보다 생생하고 현실적이었다. 감상하는 전시가 아닌 경험하는 전시가 가능한 곳, 페일리 미디어 센터이다.

오래된 역사 속 한 시대를 풍미하다

오나시스 문화센터
Onassis Cultural Center, OCC

645 Avenue New York, NY 10019
(212) 486-4448
www.onassisusa.org

뉴욕의 고급패션거리인 5번가 Fifth Avenue는 미드타운의 중심가로 항상 방문객으로 가득하다. 세계적인 브랜드 샵, 센트럴 파크, 뉴욕현대 미술관, 락카펠러 센터, 라디오 시티 뮤직홀 Radio City Music Hall 그리고 성 패트릭 대성당 St. Patrick's Cathedral 까지. 곳곳에는 배낭을 멘 여행차림의 관광객들이 지도를 보며 삼삼오오 모여 있고 미드타운의 명소를 방문하기 위해 아침 일찍부터 줄을 서서 기다리는 모습도 보인다.

올림픽타워 입구

한두 블록 걸러 유명관광지가 있는 요란한 이 동네 골목 안쪽에 조용히 자리하고 있는 오나시스 문화센터를 발견한 것은 참 뜻밖이었다. 오나시스 문화센터는 올림픽 타워 Olympic Tower 지하에 위치하고 있다. 1976년에 지어진 올림픽 타워는 고급 부티끄와 사무실, 아파트가 합쳐진 뉴욕에서는 보기 드문 주상복합건물이다.

건물의 외관만 보아서는 미술갤러리가 있을 것 같아 보이지가 않았다. 게다가 고미술품을 전시하는 갤러리라니. 역사 깊은 고미술품을 담을 만한 갤러리가 이런 곳에 있을 수가 있기나 한 건지 의심이 들었다. 보통 고미술품은 대형미술관에나 가야 볼 수 있는 것들이 아닌가. 조명은 어떻게 했는지 갤러리의 온도는 잘 유지되어 있는지 불필요한 걱정들을 하면서 올림픽 타워 로비로 들어섰다.

올림픽타워 로비

    그런데 순식간에 걱정은 어디론가 사라져버리고, 로비에 들어서는 순간 마치 숨겨진 보물을 발견한 것 같은 기분이 들었다. 맨해튼 미드타운 한 복판에서 마치 고유물을 발굴한 고고학자가 된 듯한 착각이 들 만큼 오나시스는 신선하고 놀라웠다. 메트로폴리탄 미술관이나 브루클린 미술관과 같은 대형미술관을 제외하고는 맨해튼 시내에서 고대 미술전시를 보기란 쉽지 않기 때문이다.

    오나시스 문화센터는 헬레니즘과 비잔틴 미술을 조명한다. 보통 고대 미술작품들은 연대기별로 전시를 하는 경우가 대부분이다. 방대한 역사의 시간 속에 흩어져 있는 유물들을 단순하게 보기 위해서 선택한 당연하지만 재미없는 전시 방법이다.

지하 갤러리 입구

　　메트로폴리탄 미술관만 해도 그렇다. 1층 로마와 그리스 미술 갤러리에 가면 수많은 유물들이 연대기 순으로 놓여 있다. 물론 공간을 예술적으로 구성하는 큐레이터들의 탁월한 능력 덕에 전체적으로 클래식하고 신비스러운 분위기는 갤러리 내에 존재하지만, 특별한 주제 없이 늘어져있는 고대 미술품들은 쉽게 방문객들을 지치게 한다.

이런 대형 미술관이 어쩔 수 없는 부분을 오나시스는 보완하고 있다. 정확한 주제와 그 주제에 맞는 연대를 선택해 기획력이 돋보이는 전시를 제공한다. 주제가 무엇인지 어느 시대에 제작된 무엇을 보고 있는지가 확실한 이곳의 전시는 고대미술품을 단순히 오래된 유물이 아닌 기억 속에 남는 미술 전시품으로 각인시킨다.

지난 전시

오나시스 문화센터 전시는 1년에 두 번 정도 열린다. 전시를 학수고대하며 기다리는 헬레니즘 미술 애호가들이 많아서 전시 팜플렛이라도 얻으려면 전시 초반에 방문을 계획하는 것이 좋다. 팜플렛이라 하지만 거의 도록 수준이고 운 좋으면 대형 전시 포스터도 얻을 수 있다.

2010. 10. 5-2011. 1. 3
Heroes: Mortals and Myths in Ancient Greece

2009. 11. 17-2010. 27
The Origins of El Greco: Icon Painting in Venetian Crete

2008. 3. 13-2008. 9. 13
From the Land of the Labyrinth: Minoan Crete, 3000-1100 B.C.

2008. 12. 10-2009. 5. 9
Worshiping Women: Ritual and Reality in Classical Athens

2007. 10. 31-2008. 1. 6
Giorgio de Chirico and Greece: A Voyage Through Memory

2006. 12. 6-2007. 5. 12
Athens-Sparta

2005. 12. 15-2006. 5. 6
From Byzantium to Modern Greece: Hellenic Art in Adversity, 1453-1830

♣ 전시 일부 사진 출처:
오나시스 문화센터 공식 홈페이지

사진출처: 오나시스 재단 공식 홈페이지

오나시스 재단 설립자
아리스토틀 오나시스

오나시스 문화센터는 선박왕 아리스토틀 오나시스 Aristotle Onassis, 1906-1975 가 설립했다. 그에게 아들이 한 명 있었는데 비극적이게도 그 아들이 25살 되던 해에 비행기 사고로 목숨을 잃게 된다. 이에 오나시스는 그 슬픈 죽음을 애도하기 위해 아들의 이름으로 재단을 설립하고자 했고 전 재산의 반을 기부해 'Alexander S. Onassis'라는 공익재단을 설립하게 되었다.

아트리움 카페

헬레닉 스토어

헬레닉 스토어 상품

    이 재단은 그리스뿐만 아니라 전 세계 곳곳에서 헬레니즘 문명을 촉진하는 역할을 활발히 하고 있다. 아들을 사랑한 아버지의 마음처럼 오나시스 재단은 문화센터를 방문한 단 한 사람에게도 소홀함이 없다. 그 감사한 배려가 곳곳에 묻어나는 곳이다. 물론 전시 관람은 무료이다. 다만 1년 내내 전시가 있는 것이 아니기 때문에 방문 전에 전시 여부를 꼭 확인하고 가는 것이 좋다.

    전시는 지하 레벨에서 이루어지고, 1층 로비에는 아트리움 카페Atrium Café와 헬레닉 스토어Hellenic Museum shop가 있다. 그리스식 메뉴가 돋보이는 아트리움 카페는 대부분 10불 대의 메뉴이다. 더불어 1층 헬레닉 스토어에서는 실제 그리스 지역의 미술관에서 전시되는 헬레니즘 고미술품들을 본떠서 만든 미니 조각품 등을 판매하고 있다. 가격은 좀 높은 편이지만 예술적이고 독특한 선물이 필요할 때 들러 볼만한 곳이다.

관람객이 작품이 되는 미술관을 말하다

뉴욕현대 미술관
Museum of Modern Art, MoMA

11 West 53 Street New York, NY 10019
(212) 708-9400
www.moma.org

미술관은 인간이 동원할 수 있는 최상의 쾌적한 방법으로 방문객들을 환영하고, 즐겁게 해주고, 존중하는 역할을 한다. 미술관 방문을 계획하는 그 순간부터 방문객은 그들이 받을 수 있는 가장 최고 수준의 호의와 친절을 기대하기에 미술관 고객서비스의 수준은 관람객 개개인의 방문에 큰 영향을 끼친다. 보고 싶었던 작품이 상설 전시가 되어 있지 않아 포효하는(?) 방문객을 위로 하는 것도, 처음 미술관을 방문해서 어떻게 시작조차 할지 모르는 이들에게 친절한 안내를 하는 것도, 미술관의 하루를 관장하는 것도 모두 전시고객서비스 부서의 일이다.

　나는 모마에 근무하면서 더욱 깊이 미술의 존재에 대해 고심하게 되었고 미술관을 이해하게 되었다. 찾아오는 방문객이 없이 전시관에 덩그러니 남아있는 미술은 현대의 미술이 아니다. 함께 소통하고 미술관을 내 집처럼 드나드는 방문객이야말로 미술을 완성하는 필수요소이고, 그 방문객을 우선으로 생각하고 존중하는 미술관이야말로 현대 사회에 가장 적합한 미술작품이다.

　근무하면서 방문객들에게 가장 많이 받던 질문은 어떻게 방문을 시작하냐였다. 모마의 하루 방문객의 반 이상은 외국인 방문객이고, 참 신기하게도 이들 중 많은 이들은 미술관을 처음 방문한다 했다. 그렇기에 그들에게 이 질문은 중요하다. 처음 모마를 방문한다면 일단 입장권을 온라인상에서 구매하기를 권한다. 매일 아침 모마는 입장권을 사려는 이들로 붐비고 줄의 종류도 많다 보니 엄한 줄에 서 있다가 낭패를 보는 경우도 허다하다.

모마입구

1. http://www.moma.org/visit/calendar/tickets을 치면 아래와 같은 화면이 뜬다. 이곳에서 방문하는 날짜를 선택해서 티켓을 미리 구매하면 줄을 서서 기다리는 불편을 해결할 수 있다. 온라인 티켓을 구매하고 출력하면 바로 티켓으로 사용 가능하므로 어떤 줄도 설 필요 없이 전시관으로 입장하면 된다.

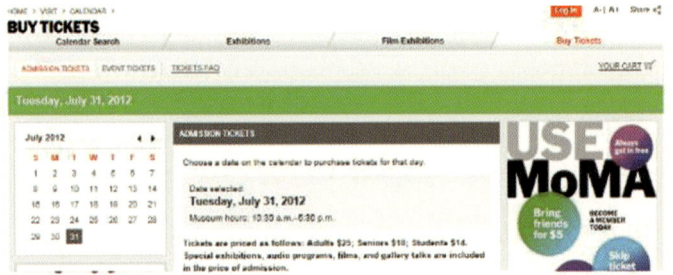

추천! 매일 오전 11시 30분과 오후 1시 30분에 진행되는 갤러리 토크

모마의 갤러리 토크는 그 주제와 작품의 폭이 다양하다. 특별한 예약이나 티켓 없이 토크가 열리기 5분 전 2층 미술관 서점 앞에서 기다리면 된다. 큰 기둥 앞에 갤러리 토크라고 써진 팻말이 있어 찾기가 어렵지 않다. 모마의 갤러리 토크는 다른 미술관의 투어와 달리 상당히 유익하고 꽤 수준이 있다. 한정된 내용을 훈련에 의해서 습득한 다른 미술관의 도슨트 투어와는 달리 분야별로 최소 석사 이상의 학위가 있는 전문 미술사학자들이 토크를 이끌기 때문이다. 갤러리 토크는 약 1시간 정도가 소요된다.

2. 티켓 가격은 어른 25불, 65세 이상 어르신은 18불(신분증이나 여권을 지참해야 한다), 학생은 14불(한국 학생증을 보여주어도 된다. 간혹 티켓을 싸게 사려는 페이크 학생들이 있어 티켓터들이 좀 민감해 하는 부분이다), 어린이와 모마 멤버는 무료이다. 어린이는 무료이지만 무료 티켓을 티켓터에게 받아야 한다. 멤버는 멤버십 카드만 있으면 패스! 멤버 한 명당 5명까지 게스트 티켓을 장당 5불에 구매할 수 있다.

   3. Target Free Friday Nights은 매주 금요일 오후 4시부터 8시까지 무료로 미술관을 입장할 수 있는 이벤트이다. 물론 무료이기에 바람직한 이벤트이지만 엄청난 인파에 미술관은 전쟁터를 방불케 한다. 개인적으로 추천하지는 않지만 어쩔 수 없는 경우라면 6시 반이나 7시쯤 가보면 초반에 몰리는 구름같은 인파는 피할 수 있다. 3시부터 줄을 서서 기다리는 건 정말 시간낭비이다. 다리도 아플뿐더러 사람들이 너무 많아 작품 감상이 불가능하다.

   4. 53가 입구를 기준으로 로비 왼쪽 첫 번째 데스크는 멤버십 데스크이다. 모마는 여러 종류의 멤버십이 있는데 기본회원권은 85불로 연간 이용할 수 있다. 인터네셔널(international, 해외 방문객)을 위한 멤버십은 70불에 구매 가능하니 여행 중 3번 이상 모마를 방문할 계획이 있다면 이 방법을 추천한다.

멤버십 다음으로 보이는 데스크는 인포메이션 데스크이다. 이곳에서는 갤러리 토크를 비롯한 각종 이벤트, 그룹서비스, 영화 상영 정보 등 미술관의 모든 정보를 문의하고 그에 필요한 티켓을 예약하거나 구매할 수 있다. 이벤트 티켓은 따로 비용을 들여 구매하는 경우도 간혹 있지만, 대부분은 미술관 당일 입장권만 보여주면 무료로 받을 수 있는 티켓들이다. 당일 미술관 일정을 이곳 인포메이션 데스크에서 상세히 알아보고 기호에 맞는 이벤트에 참여할 수 있다.

5. http://www.moma.org/visit/calendar/today에서도 미술관 당일 일정을 살펴볼 수 있다.

모마 외관

1층 로비

갤러리 토크 출발을 위한 만남의 장소   2층 미술관 서점

필요한 티켓이 준비가 되었다면 갤러리 입구로 향하면 된다. 갤러리 입구 정면으로 보이는 곳이 조각정원*Abby Aldrich Rockefeller Sculpture Garden*이다. 기분 좋은 공간에 가면 평소에는 잘 떠오르지 않던 좋은 생각들이 나곤 하는데 모마의 조각정원은 나에게 그런 기분 좋은 공간이었다. 평화롭게만 느껴지는 오후 시간, 모마의 조각정원에 앉아 난 간혹 책을 읽기도 음악을 듣기도 그리고 꿈을 꾸기도 했다.

로비에서 바라본 조각공원

6층 전시관 입구

2층 미술관 샵 사이로 바라본 조각공원

5층 전시관입구

5층 전시관 입구에서 바라본 반대쪽 미술관 내부

조각정원으로 직행하고픈 유혹이 있겠지만, 이곳은 갤러리 관람 후 지친 다리와 눈을 위해 잠시 미뤄두고 엘리베이터를 타고 꼭대기층인 6층부터 관람을 하기를 권한다. 6층은 갤러리 공간이 넓어서 규모가 큰 특별전이 열리는 곳이다. 작품의 수도 많지만 공간적으로도 여유로워서 1층 로비의 붐빔에 지쳤다면 이곳에서는 숨을 좀 돌릴 수 있다.

5층과 4층은 모마의 상설 전시관이다. 5층은 고흐, 모네, 세잔, 마티스, 피카소와 같은 작가의 작품이 전시되어 있고, 4층은 1945년 이후의 작품으로 구성되어 있다. 폴락이나 로스코 등의 작가들을 만날 수 있다. 3층에는 건축, 디자인, 드로잉, 사진전 등이 전시되며 미디어아트를 비롯한 현대 미술전시는 2층에서 주로 열린다. 특히 2층 아트리움은 퍼포먼스 아티스트들의 획기적인 공연으로 사람들의 주목을 끄는 활동적인 전시공간이다.

5층 전시관 내부

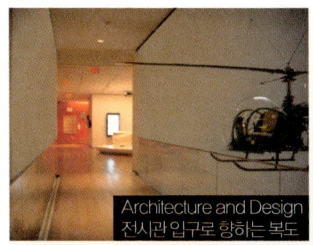
Architecture and Design
전시관 입구로 향하는 복도

3층 전시관 입구

Architecture and Design
전시관 내부

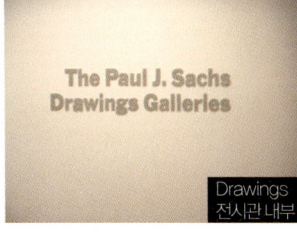

Drawings
전시관 내부

Special Exhibition
전시관으로 향하는 복도

Photography
전시관 내부

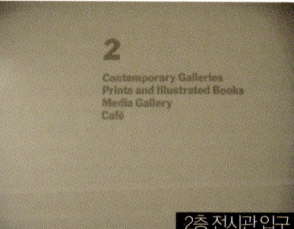

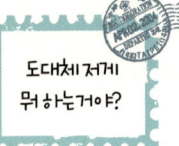

"뭐 하는 건지 생각하게 하는 것. 그게 현대 미술이야!"

모마에 근무하는 동안 인상 깊게 보았던 퍼포먼스 중 하나는 마리나 아브라모빅^{Marina Abramović, 1946-}의 〈The Artist Is Present〉라는 퍼포먼스였다. 작가 자신의 신체를 주제이자 소재로 사용하는 행위예술가인 아브라모빅은 칠흑같이 검은 긴 머리를 늘어뜨리고 롱 드레스를 입은 채로 매일같이 아트리움 중앙에 아무 말 없이 앉아있었다. 그녀의 반대쪽에는 누구라도 앉을 수 있도록 의자가 놓여있었고 호기심 많은 방문객들은 1분이고, 10분이고 혹은 몇 시간씩 그녀와 마주앉았다. 아무런 대화도 없다. 심지어 그녀는 눈도 잘 깜박거리지 않는 듯 보였다. 이 퍼포먼스에서 작가는 작가 자신이 작품의 주제가 됨은 물론이거니와 더불어 관람자를 작품의 참여자이자 구성요소로 이용했다. 물론 작가의 기발한 발상이었지만 이를 가능케 한 것은 뭐니 뭐니 해도 모마의 스페이스. 참여자가 용감해질 수 있는 공간이 마련되었기 때문이다.

미술관 개관시간부터 폐관시간까지 의자에 앉아있는(생리적인 필요에 의한 브레이크 타임은 있었지만, 현장에서 일하는 누구도 그녀가 자리를 비우는 것을 흔하게 보지는 못했다) 그녀의 퍼포먼스는 참여자와 관람자 모두로 하여금 현대미술을 생각해 보게 하였다. 도대체 저게 뭐 하는 거야?

모마에서 함께 근무했던 동료들 중에는 특이한 친구들이 많았다. 석사출신의 아티스트(생활고에 결국 영혼을 팔았다고 했다), 밤무대(?)에서 연극을 하는 노총각(정말 화를 잘 내는 사람이었다. 나랑은 거의 4개월을 인사도 안 하고 지내다가 어느 순간 잘해주기 시작한 정말 알 수 없는 총각), 퇴근 후에 학교로 달려가는 석사과정 중의 미술사학과 학생, 투우장에서 갓 튀어나온 외모의 스페인 출신 미남(농땡이를 잘 쳐서 아침에 인사하곤 찾아볼 수 없다), 남편 따라 뉴욕 와서 눌러앉으신 전직 미술교사 모모에 등 배경도 다양하거니와 성격도 각양각색이었다. 이런 다양한 사람들이었지만 공통적으로 즐기는 것은 역시나 유머. 미술관에 일하니 미술에 대한 유머를 많이들 즐겼다.

어느 날 아침 여느 때와 마찬가지로 컴퓨터 스크린을 켜고 앉았는데 모든 컴퓨터 바탕화면에 이런 글이 떠있었다.

점 하나, 선 하나 그어 놓고 최고의 모던 페인팅이라 칭하며, 미술관에 걸린 몇몇의 작품들을 보고 흔히 '저건 나도 그리겠다'라며 얕잡아 보는 사람들이 있다. 하도 그런 소리를 듣다 보니 우리들만의 무언의 복수라고나 할까. 결국 누가 썼는지는 미스터리로 남았지만 모던아트의 정의를 한 방에 내린 그 혹은 그녀에게 박수를 보낸다. 모던아트의 정의 생각보다 쉽죠잉~

아트리움 Atrium

내 기억 속에서 최고이자 최악의 퍼포먼스 피스로 기억되는 전시는 요꼬 오노 *Yoko Ono, 1933-* 의 〈Voice Piece For Soprano〉이다. 역시나 2층 아트리움에서 벌어진 일이다. 마리나 아브라모빅의 퍼포먼스는 참 조용했다. 작가가 입을 열지 않으니 뭐 시끄러울 일이 없었다. 그런데 문제는 오노였다. 존 레논의 부인으로도 잘 알려져 있는 오노는 이 퍼포먼스 때문에 나에게 커다란 고통을 안겨주었다.

2층 아트리움은 중앙에 위치한 홀이다. 홀이다 보니 천장도 없고 전 층에서 이곳을 내려다보게끔 설계되어 있었다. 오노는 이렇게 뻥 뚫린 공간에 마이크 하나를 덩그러니 놓아두더니 방문객으로 하여금 마이크에 대고 소리쳐 보라고 했다. 물론 소리쳐 보라고 안내해 주는 이도, 심지어 아티스트도 없다. 그저 마이크와 간단한 지침만이 있을 뿐이다. 하지만 이 퍼포먼스는 입소문을 타고 금새 인기를 끌었고 고함 한번 쳐보려고 미술관에 들어오는 사람도 심심찮게 있었다.

2층 아트리움

그런데 문제는 울림이었다. 마이크를 타고 튀어나온 고함소리는 6층에서 전시를 감상하던 사람도 깜짝 놀랄 정도로 소리가 쩌렁쩌렁했고 역시나 다른 관람객들에게 피해를 주었다. 급기야 현장에서 일하는 우리는 귀마개를 나누어 받을 정도였다. 화를 잘내는 연극하는 노총각은 즉각적으로 서명운동에 돌입했고 오노의 소프라노 피스에 대한 불만은 커져갔다. 결국 미술관 측에서는 마이크의 볼륨을 조금 낮추는 결정을 내렸지만 전시를 중단하지는 않았다.

그런데 참 재미있던 것은 오노의 전시를 아주 불쾌해하는 사람이 있는가 하면 너무나 좋아하는 사람도 많았다는 것이다. 모마의 오랜 멤버들은 미술관에서 이런 전시를 한 것에 대해 분개하기도, 실망을 표하기도 했지만 확실한 것은 덕분에 미술관은 젊은 관람객 층을 다수 확보했다는 후문이다.

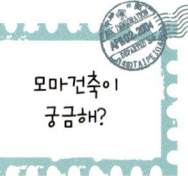

요시오 타니구치*Yoshio Taniguchi, 1937-* 는 1997년에 미술관 건물을 재정비할 때 조각정원을 비롯하여 미술관 건물 일부를 재설계한 일본인 건축가이다. 타니구치에 의해 새롭게 단장된 미술관은 2004년 재개관을 하였고 그 이후 모던 건축물의 대표적인 예가 되었다. 타니구치에 대해 궁금하다면 갤러리 토크에서 '요시오 타니구치의 미술관 건물 하이라이트*Yoshio Taniguchi's MoMA and Architecture Highlights*라는 타이틀로 진행되는 렉쳐를 이용하면 된다. 렉쳐러와 함께 건물 구석구석을 다니며 설명을 들을 수 있어 그 어떤 글보다도 생생하게 모마 건물을 알아갈 수 있다. 타니구치의 스타일은 정갈하고 수평을 지향하는 조각정원과 로비 설계에서 가장 잘 드러난다.

간단하게 층별로 소개했지만, 구석구석 크고 작은 갤러리가 많아서 사실상 모마를 감상하기엔 하루는 턱없이 부족하다. 갤러리 내에선 물 등의 음료수를 들고 다닐 수 없기 때문에 쉽게 지칠 수 있으니 중간 중간 조각공원이나 2층의 카페, 5층의 레스토랑 등을 이용해서 브레이크 타임을 충분히 취하면서 여유로운 방문이 되도록 계획하면 좋다.

2층의 카페 Café2는 셀프서비스로 메뉴가 다양하고 모마에서 가장 저렴한 가격대의 메뉴들을 만날 수 있다. 5층 테라스 레스토랑 Terrace 5은 간단한 샐러드나 커피, 디저트를 조각공원이 내려다 보이는 테라스에서 즐길 수 있고, 미술관 안쪽 1층에 위치한 모던 레스토랑 The Modern은 예약이 필수인 고급 레스토랑이다. 더불어 여름에는 조각공원 한쪽 구석에서 간단한 커피와 젤라또를 판매하는 익스프레스 카트가 생기기도 한다. 조각공원에서 먹는 젤라또는 정말 일품이다.

Café2

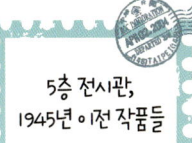
5층 전시관, 1945년 이전 작품들

20세기 근대 회화의 아버지라 불리는 명성에 걸맞게 세잔의 작품은 5층 근대미술 전시관을 시작한다. 5층과 4층은 연대기로 구분이 되어 있는 만큼 작품의 전시순서도 이에 따른다. 미술관 갤러리가 대부분 그러하듯 모마 역시 5층 전시관의 입구와 출구가 모호하다. 이왕이면 근대 미술의 출발지인 세잔부터 관람을 하는 것이 좋으니 5층에 다다르면 꼭 세잔을 먼저 찾아 관람을 시작하기 바란다.

> 5층 입구에는 자원봉사자들이 항시 배치되어 있으니, 세잔 작품이 어디 있는지 물어보면 친절히 알려줄 것이다.

근대미술의 아버지 - 세잔

세잔은 빈센트 반 고흐, 폴 고갱 Paul Gauguin, 1848-1903과 함께 후기 인상주의의 대표적인 작가이다. 그는 현대미학의 기반을 마련하였고, 인상주의 이후 많은 젊은 작가들에게 영향을 끼쳤다. 특히 그의 뛰어난 연작「수욕도 목욕하는 사람들」는 20세기 화가들에게 깊은 영감을 주었고, 피카소는 이 작품을 본떠「아비뇽의 처녀들」을 그렸다고 한다. 세잔을 가리켜 피카소는 '유일한 스승이자 아버지와 같다'라고 표현할 정도로 세잔의 작품세계로부터 많은 가르침을 받았다. 피카소 이외에도 헨리 마티스 역시 세잔에게서 받은 영향을 작가 스스로가 고백하기도 했다.

세잔의 목욕하는 사람들에게 뭐가 그리 특별한 것이 있어 피카소나 마티스와 같은 거장들의 작품세계에 영향을 깊게 미친 것일까. 사실 이 작품을 처음 보았을 때에는 좀 불편

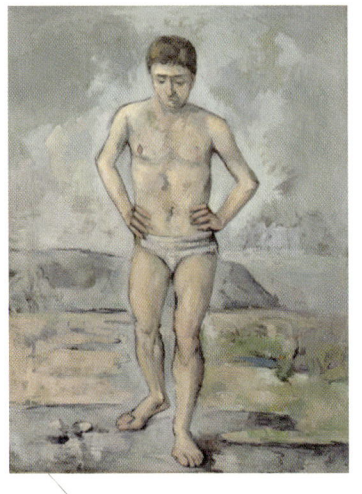
폴 세잔Paul Cézanne, 1839-1906
「수욕도The Bather」
캔버스에 유채, 127 x 96.8cm
1885년, 뉴욕현대 미술관

했다. 아이가 그린 듯한 서투른 형상과 진한 윤곽선, 고대의 아름다운 조각상이 취하는 멋진 자세를 취하고 있지만 고대 조각상과 달리 전혀 아름답지 못한 신체 등은 그리 대단해 보이지 않았다.

아니나 다를까 세잔은 다른 선배 작가들과는 달리 멋지게 그리는데 주력하지 않았고 자연이 지닌 본래의 성격을 찾고자 했다고 한다. 자연을 똑같이 모사해서는 자연이 지닌 본래의 성격을 찾을 수 없다 생각한 세잔은 자신의 느낌을 캔버스에 구현해 내는 것만이 자연에서 취한 대상을 그리는 것이라고 생각했다. 이에 이런 작품이 탄생한 것이다. 세잔의 작품은 형상이 무엇이고 배경이 무엇이고 무엇을 말하는지를 보는 것이 아니라 작가 자신의 느낌을 시각적으로 구현한 것을 본다는 것에 의미가 있는 것 같다.

세잔의 작품을 다시 한 번 보자. 무엇이 보이는가가 아닌 무엇이 느껴지는가를 생각하면서. 색의 흐름을 통해 구현된 작가의 느낌이 전해져 오는가.

표현주의-마티스

마티스의 「춤(I)」은 러시아 출신 컬렉터 세르게이 슈추킨Sergei Shchukin이 자신의 저택 계단을 장식하기 위해 주문한 작품으로 알려져 있다. 마티스의 작품을 가지고 저택을 장식했는지 여부는 잘 모르겠으나, 현재 모마의 마티스 갤러리는 단연코 이 작품이 잘 장식하고 있다.

마티스 갤러리에 들어서면 「춤(I)」의 스케일에 단번에 매료된다. 색채의 마술사로 불리는 마티스가 외운 색의 주문은 관람객의 눈을 훔치고 역동적인 춤사위는 관람객의 마음을 훔친다. 춤추는 사람들은 평범하지 않고 오묘하다. 시간이 멈춘 듯한 풍경 속에서 춤을 추는 이들은 인물이 아니라 기쁨의 에너지이자 즐거운 화음이고 하나의 색일 뿐이다. 단 두 개의 톤을 가지고 마티스는 생명을 만들어 낸 것이다.

생명을 만들어낸 작가 자신의 작품을 느긋이 바라보는 듯한 마티스의 조각이 갤러리 한 중앙에 배치되어 있어 이색적이었다. 마치 캔버스 속 인물이 튀어나와 나와 같은 시공간 속에서 함께 마티스의 작품을 감상하는 듯한 느낌이 들었다. 아주 편한 자세로 말이다.

헨리 마티스Henri Matisse, 1869-1954
「춤(1)Dance(1)」
캔버스에 유채, 259.7 x 390.1cm
1909년, 뉴욕현대 미술관

마티스는 19세기 말 활동한 세잔을 모범으로 표현주의(혹은 야수주의)라는 격렬하고도 새로운 시도를 한 작가이다. 수준 높은 그림 구성과 강렬한 채색으로 감정의 표현을 이끌어 낸다.

마티스의 작품을 다시 한번 보자. 단순화된 형태와 색채를 통한 감정의 표현이 보이는가. 표현된 감정이 시각을 통해 전해져 오는가. 춤추는 사람들이 전하려고 하는 감정이 읽혀지는가.

뉴욕현대 미술관 5층 갤러리 내에 전시된 마티스의 작품

입체주의-
피카소

　피카소의 유명한 작품 중 하나인 「아비뇽의 처녀들」이다. 세잔과 마티스가 과거의 회화에 반기를 들고 새롭게 형태를 변화시킨 것처럼 피카소 역시 그만의 특별한 방식으로 대상을 변형시키고 묘사하였다. 입체주의의 핵심 작품이라 여겨지는 이 작품은 제목처럼 피카소가 바르셀로나 아비뇽 거리의 윤락가를 묘사하려고 한 것이다. 그렇지만 완성된 작품에서 윤락가의 모습은 찾아볼 수 없다.

　대상을 변형하고 변형된 대상의 요소들을 재조합해서 새로운 시각언어를 탄생시킨 피카소의 작품에서는 우리가 전통적으로 추구했던 미적인 아름다움이 결여되어 있다. 적어도 마티스 작품에서는 솔직한 감정의 표현을 시각적 요소들을 통해 볼 수 있었다.

　그렇다면 이 작품에서는 무엇을 보아야 하는 걸까. 작품의 제목처럼 아비뇽의 윤락가 여성을 떠올려야 하는 건지. 변형된 대상의 새로운 시각언어를 읽으려고 해야 하는 건지 감이 서지 않는다. 그렇다고 보기에 그리 아름다운 작품도 아니다. 아마도 이 작품에서 우리가 읽어야 하는 것은 이후에 일어나게 된 추상미술의 암시가 아닐까.

뉴욕현대 미술관 5층 갤러리 내에 전시된 피카소의 작품

파블로 피카소
「아비뇽의 처녀들Les Demoiselles d'Avignon」
캔버스에 유채, 243.9 x 233.7cm
1907년, 뉴욕현대 미술관

추상미술-
칸딘스키

칸딘스키의 작품을 출발점으로 하는 추상미술은 형태와 색채가 대상을 묘사하는 데서 완전히 벗어나 각자가 독립적인 역할을 한다. 이 독립적인 요소들은 대상을 묘사하는 이전의 사조에서 탈피해 대상을 완벽히 추상화시킨다. 즉, 인간의 정신세계로의 탐구를 시작한 것이다. 구체적 대상에서 벗어나 선, 면, 색채만을 가지고 정신성을 시각화했다라고 볼 수 있다.

바실리 칸딘스키 | Vasily Kandinsky, 1866-1944
「에드윈 캠벨을 위한 패널 No. 4 Panel for Edwin R. Campbell No. 4」
캔버스에 유채, 163 x 122.5cm
1914년, 뉴욕현대 미술관

1866년 러시아 모스크바에서 태어난 칸딘스키는 1887년 모스크바 대학교에서 법학과 경제학을 공부한 법학자였다. 하지만 1895년 모스크바에서 열린 모네 작품전을 보고 감명을 받아 화가가 되기로 한다. 음악에도 조예가 깊었던 칸딘스키는 1911년 『예술에 나타난 정신성에 관하여』라는 책을 출간하고 음악과 미술을 직접 관련시키기도 했다.

뉴욕현대 미술관 5층 갤러리 내에 전시된 칸딘스키의 작품

칸딘스키의 작품을 보면 자유로운 색채의 움직임이 마치 높낮이가 다른 음표들 같고 캔버스는 악보 같다는 생각이 든다. 다양한 음표가 색채라는 의상을 입고 한편의 공연을 펼치는 듯하다. 귀로 들리지는 않지만 눈으로 들리는 칸딘스키의 음악회가 당신을 추상미술의 세계로 초대한다.

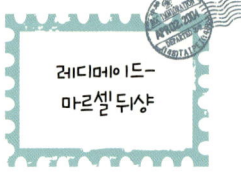

추상을 이은 모던아트의 새로운 사조는 오브제 미술이다. 레디메이드readymade, 기성품라고 불리는 이 새로운 사조는 프랑스 태생 작가인 마르셀 뒤샹이 소변기, 유리, 나무 상자, 바퀴 등과 같은 기성품들을 자신의 오브제로 내놓으면서 본격화 되었다. 대량 생산하는 물질주의 시대의 상품들을 예술가가 창작하는 오브제로 삼은 뒤샹은 드디어 회화의 종말을 고했고 이에 많은 이들은 충격에 휩싸여 뒤샹을 향해 비난과 폭언을 퍼붓기도 했다.

마르셀 뒤샹Marcel Duchamp, 1887-1968
「자전거 바퀴Bicycle Wheel」
129.5 x 63.5 x 41.9cm
1951년(1913년 오리지널 이후 세 번째 에디션), 뉴욕현대 미술관 뒤샹의 작품에서는 아름답고 추하다라는 개념이 존재하지 않는다. 다시 말해 아름답게도 혹은 추하게도 볼 필요가 없다는 것이다. '이게 뭐야?'라는 질문을 하기보다는 이제껏 미술에 등장하지 않았던 일상의 물건이 미술에 들어옴에 의미를 찾아보아야 한다. 전통적인 예술의 경계를 무너뜨린 뒤샹을 기점으로 5층 고전적 모더니즘(1945년 이전의 모더니즘)은 마무리가 되고, 4층의 후기 모더니즘(1945년 이후 발전된 모더니즘)이 시작된다.

이제까지 고전적 모더니즘의 흐름에 따라 세잔, 마티스, 피카소, 칸딘스키 그리고 뒤샹까지 보았다. 이 정도면 5층 갤러리를 빠지지 않고 꼼꼼하게 보았다 할 수 있다. 굳이 이런 미술사적 흐름을 짚어 가며 작품을 보기가 불편하다면 연대기만 따라서 보아도 어떻게 모더니즘이 생성되었고 발전, 변화되었는지 그 양상을 충분히 볼 수 있다.

5층 갤러리 소개를 마무리하기 앞서 모마하면 빼놓을 수 없는 대단한 이름의 두 작가가 더 있어 소개하려 한다. 바로 모네와 고흐이다. 뉴욕 거주자를 제외하고 모마를 방문하는 장거리 관람객의 반 이상이 이 두 작가의 작품을 보러 온다고 해도 과언이 아닐 정도로 모네와 고흐를 찾는 이들의 발걸음은 끊이지 않는다. 입구에 들어서자마자 다짜고짜 "Where is 「Water Lilies」? 「수련」 어디 있어요?" 혹은 "Where is 「The Starry Night」? 「별이 빛나는 밤」 어디 있어요?"라고 묻는 경우는 허다하다.

「수련」은 모네가 1914년부터 1926년에 걸쳐 제작한 세 폭짜리 작품이고, 「별이 빛나는 밤」은 고흐의 그 유명한 작품이다. 모네의 「수련」을 세 폭 연이어 붙여놓으면 가로가 무려 1276cm, 세로가 200cm나 된다.

한때 모마는 모네의 수련 연작만을 위한 갤러리를 마련한 적이 있었다. 5층에 전시되는 작품은 전시 형태가 어떻든지 간에 특

클로드 모네|Claude Monet, 1840-1926
「수련Water Lilies」
캔버스에 유채, 200 x 1276cm
1914-1926년, 뉴욕현대 미술관

별전이라기보다는 상설전이라 볼 수 있다. 한마디로 모마를 올 때마다 볼 수 있는 작품들이라는 말이다. 그럼에도 불구하고 모네 방의 인기는 당시 기획되었던 특별전을 능가했다. 얼마 후 모네 방은 다른 형태로 전환되었고 모네의 세 폭 「수련」도 수장고로 들어갔다. 때문에 이 사이 모마를 방문한 관람객들은 모네 작품을 만나지 못했고 그 아쉬움의 목소리는 상당했다. 이에 미술관측은 다시 「수련」을 꺼내어 상설 전시를 하기에 이르렀고, 별 이변이 없다면 모마 5층에서 「수련」은 항상 당신을 기다리고 있을 것이다.

인상주의-
모네

모네는 1870년 프랑스 회화에서 태동한 인상주의의 대가들 중 한 명이다. 그는 그림을 그릴 때 빛의 작용에 의해서 직접적으로 눈에 들어오는 것만을 직관적으로 묘사하려 했다. 인상주의라는 말 그대로 생생한 인상을 만들어 내려 했고 그 결과로 대상의 윤곽선은 흐릿해졌다. 모네의 작품은 정말 인상 그 자체이다. 빛과 결합한 대상은 대기의 아른거림에 의해서 대상의 본질적인 견고함이 사라진다. 윤곽선이 사라진 후 캔버스에 남는 것은 생생한 색이 주는 인상이다.

영화로 치자면 요즘 유행하는 3D의 효과와 비슷하리라 생각한다. 마치 작가가 수련을 바라보는 그 시각 그 장소에 와 있는 듯한 느낌을 2D에 불과한 캔버스가 전달해주는 그 사실에 많은 이들은 감동한다. 게다가 삼면의 캔버스 한 가득 펼쳐진 이 그림을 한 가운데에 서서 보면 모네가 전달하려 했던 인상이 생생하게 느껴진다. 이보다 더 모네를 생생하게 만날 수 있는 곳이 있을까. 인상을 전시하는 모마의 이 작은 갤러리를 사랑할 수밖에 없는 이유이다.

「수련」과 함께 모마의 인기작인 고흐의 「별이 빛나는 밤」 앞에는 발 디딜 틈이 없다. 복제품으로 쉽게 접할 수 있는 작품이기도 하고 심지어 가방이나 옷 등에도 프린트되어 판매되기에 한 번쯤은 보고 한 번쯤은 들어본 작품이다. 그러면 도대체 고흐의 작품에 무슨 특별함이 있기에 이런 인기를 누리는 것일까?

파리의 루브르 박물관에 소장된 레오나르도 다 빈치 Leonardo da Vinci, 1452-1519의 유명한 「모나리자 Mona Lisa, 1503-1519」를 처음 보았을 때 나는 실망했다. 방탄유리에 갇힌 모나리자는 관광객들로 에워싸여 있었고 실제 작품크기는 놀랍게도 작았다. 진품을 보고 실망한 유일무이한 작품으로 기억된다. 혹시 고흐의 작품도 그러한 건 아닐까. 고뇌와 불안 속에 한 평생 자신만의 창작활동을 하고 끝내 권총으로 자살한 작가의 비극적인 생애가 고흐의 작품에 드라마를 가미해서 생긴 거품 인기가 아닐까라는 생각도 해보았다. 직접 보기 전까지는 그랬다.

빈센트 반 고흐Vincent van Gogh, 1853-1890
「별이 빛나는 밤The Starry Night」
캔버스에 유채, 73.7 x 92.1cm
1889년, 뉴욕현대 미술관

그러던 중 우연히 메트로폴리탄 미술관에서 열린 고흐 특별전을 보게 되었고 작품을 직접 본 순간 심장이 쪼여오면서 숨을 쉬기 힘든 이상한 감정이 몰려왔다. 아마 작가의 Agony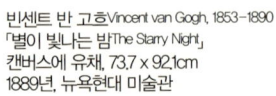극도의 정신적 혹은 육체적 고통가 느껴졌던 것 같다. 강렬한 붓의 터치는 광기에 가까웠고 그가 창조한 색은 세상의 것과는 달랐다. 고흐의 작품은 보는 이의 심장을 쓸고 지나간다. 심장을 거친 빗자루로 쓸렸을 때 느낄 수 있을 것만 같은 거친 공허함이랄까. 자연과 신을 섬긴 투철한 종교인이기도 했던 고흐의 정신세계는 작품 속에 다양한 형태의 Agony를 남겼다. 아름다운 그의 고통이 작품에서 전해져 온다.

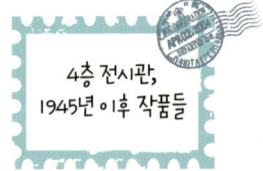

4층 전시관,
1945년 이후 작품들

4층 전시관에는 5층에서 보았던 고전적 모더니즘 그 이후, 즉 1945년 이후의 작품들을 전시한다. 고전적 모더니즘 그 이후라 흔히 후기 모더니즘 혹은 포스트 모더니즘이라 일컫는다. 후기 모더니즘의 발전은 20세기 초와 같이 급격하게 변화하지는 않았지만 고전적 모더니즘이 준 성과들을 잘 점검하고 개선하여 시대의 흐름에 맞게 계승하였다.

당시 유럽에서는 2차 세계 대전으로 말미암아 주요 미술가들이 미국으로 망명하여 활동하게 되었고 덕분에 미국의 젊은 미

잭슨 폴락Jackson Pollock, 1912-1956
「넘버 1A, 1948Number 1A, 1948」
캔버스에 유채 및 애나맬 물감, 172.7 x 264.2cm
1948년, 뉴욕현대 미술관

    술가들은 유럽 모더니즘을 빠르게 받아들여 새로운 미술 조류를 생성하기에 이르렀다. 그 새로운 미술의 문을 여는 대표적 작가는 잭슨 폴락이다.
    폴락은 미국 와이오밍주에서 태어나 애리조나와 캘리포니아에서 성장한 토박이 미국인이다. 1928년 로스앤젤레스의 매뉴얼 미술고등학교에서 공부를 시작했고 이후 뉴욕 예술학생연맹Art Student League of New York에서 수학했다. 2차 세계 대전으로 전 세계가 전쟁의 위기에 놓여있을 때 탄생한 폴락의 추상표현주의는 뉴욕을 세계 미술의 중심지로 만들었고 뉴욕미술을 대변한다.

추상표현주의-
폴락, 로스코, 뉴먼

    폴락의 작품은 모마의 많은 걸작들 중 단연코 내 심장을 뛰게 했다. 모던 미술이 어떻고 추상표현주의가 어떻고 이 모든 미술사적 지식을 모르던 순수한 백지 상태였을 때 처음 폴락을 만났다. 무심코 들어간 4층 갤러리에 삼면으로 전시되어 있던 폴락의 작품은 사슬에 묶여있던 나의 정신세계를 한 순간 풀어놓는 듯한 느낌을 받게 했다.

    형상도 색채도 불분명했지만 강렬한 하나의 메시지가 가슴을 뛰게 했다. 자유. 그 어떤 전통적 관습에도 얽매이지 않고 작가의 새로운 기법에 의해서, 작가 자신이 매체가 되어, 작가 자신의 정신세계가 구현되어 있었다. 폴락의 작품은 가까이서 보면 정말 경이로울 지경이다. 캔버스를 바닥에 뉘이고 브러쉬로 페인트를 떨어뜨리고 뿌리는 등의 즉흥적 행위를 통해 작품을 제작했기 때문에 그의 행위는 캔버스 위에서 고스란히 읽혀진다. 즉흥적이지만 반복적이고 지속적인 행위는 거침이 없다. 거대한 캔버스의 스케일이 주는 무한의 느낌 위에 펼쳐진 자유로운 작가의 행위는 무한의 자유를 상징하는 듯하다.

    아직 덜 말라 뚝뚝 떨어질 것만 같은 페인트 방울들과 여러 겹으로 중첩된 색이 주는 가득함이 가슴을 꽉 채운다. 폴락의 작품에서처럼 짜인 형태 구조를 거부하는 추세를 추상표현주의라고 한다. 폴락은 행위를 통한 페인팅을 제작함으로써 추상 표현주의를 가장 잘 보여준 작가로 평가 받는다.

뉴욕현대 미술관 4층 갤러리 내에 전시된 폴락의 작품

뉴욕현대미술관 4층 갤러리 내에 전시된 로스코 작품

    로스코는 격정적인 폴락의 스타일과는 좀 다르지만 정해진 형태구조를 거부하면서 동시에 서정적인 스타일을 구축한 추상작가이다. 세계에서 가장 위대한 색면화가 가운데 한 명으로 뽑히는 그는 재현적인 주제보다는 형태, 공간, 색채 등을 탐구했다. 미묘한 색과 어렴풋한 색면의 윤곽은 보는 이로 하여금 모호한 기분이 들게 하여 명상의 수준에까지 다다르게 한다.

    로스코의 작품을 보고 있으면 몽롱한 느낌을 받는다. 마치 한 낮에 낮잠을 실컷 자고 일어나 드는 멍한 기분이랄까. 보고 있지만 무엇을 보고 있는지 정확히 인지가 되지 않고 어떤 느낌을 받는 것은 같으나 형언할 수는 없다. 작가 자신은 본인이 추상주의 화가로 불리기를 거부했다고 한다. 그저 인간의 기본적인 감정을 캔버스 위에 표현하고자 했던 로스코는 비록 모마 4층 추상주의 화가들이 모여 있는 갤러리에 전시되어 있기는 하지만 그가 바랬던 것처럼 인간의 감정을 충실히 표현했고 보는 이로 하여금 감정 그 이상의 무엇을 느끼게 한다.

바넷 뉴먼Barnett Newman, 1905-1970
「인간, 영웅적이고 숭고한Vir Heroicus Sublimis」
캔버스에 유채, 242.2 x 541.7cm
1950-1951년, 뉴욕현대 미술관

뉴먼은 그의 미술을 미지의 세계로 떠나는 모험이라고 했다. 그가 밝힌 것처럼 그의 작품은 정말 미지의 세계로의 모험이자 탐험이다. 뉴먼의 작품을 여러 번 보았지만 난 아직 그 탐험에 성공하지 못했다. 엄청난 크기의 「인간, 영웅적이고 숭고한」을 처음 대한 대부분의 관람객은 서 있던 곳에서부터 한두 발자국 뒤로 물러나서 뉴먼의 작품을 한눈에 보려고 한다. 하지만 작가는 그 반대를 제시했다. 추상미술에 담겨진 정신적인 잠재력을 믿었던 뉴먼은 자신의 작품을 관람자가 가까이서 보기를 원했고 그로부터 발생되는 잠재력을 경험하길 희망했다. 멀리서도 보았고 가까이서도 보았지만 불행히도 난 아직 그의 작품을 진정으로 경험해 보지 못했다. 붉은 색의 평면 위에 놓인 수직의 5개의 띠를 이해하기에 내 탐험 정신은 부족했다.

> 추상표현주의에서
> 팝아트로-
> 재스퍼 존스

재스퍼 존스는 미국인 생존 작가로 추상표현주의에서 팝아트로의 중요한 전환점에 위치된다. 존스는 우리가 일상에서 흔히 볼 수 있는 이미지나 물건들을 캔버스 안으로 넣어 예술적 가치를 가진 대상처럼 보이게 했다. 모마에 전시되어 잇는 「깃발」은 묻는다. 이것이 깃발인지 아니면 깃발을 그린 그림인지를 말이다.

멀리서 바라보면 정말 이 작품은 벽에 걸려있는 미국 국기로 보인다. 뉴욕의 미술관에 미국 국기가 걸려 있는 것이 뭐 이상할 것이 있을까. 별 의심 없이 가까이 다가가 본다. 가까이서 본 존스의 「깃발」은 대상을 재현하는 수준이 아닌 캔버스 속 작품이 대상 그 자체가 되는 새로운 시각을 제시하고 있었다. 재스퍼 존스는 국기뿐 아니라 과녁, 숫자, 알파벳 등의 일상적인 물건을 작품 속에 등장시켜 이후 등장하는 팝아트의 선구자로 불리기도 한다.

재스퍼 존스 Jasper Johns, 1930-
「깃발 Flag」
캔버스에 유채 및 밀랍, 107.3 x 153.8cm
1954-1955년, 뉴욕현대 미술관

팝아트-
로이 리히텐슈타인

팝아트는 1960년경 뉴욕과 런던을 배경으로 발전했다. 팝아트가 등장하기 이전까지의 미술계는 추상표현주의에 심취해 있었다. 하지만 팝 아티스트들은 추상표현주의의 화법이나 비정형에는 관심이 없었다. 그들은 추상표현주의자들이 제거한 형상을 다시 제시하고자 했고 그들이 가져온 형상은 다름 아닌 일상품과 만화, 광고와 같은 매스 미디어였다. 그 이미지들을 작가가 회화형식으로 다시 재탄생시킨 것이 팝아트 작품이라고 볼 수 있다.

리히텐슈타인은 이미지뿐 아니라 매스미디어의 제작 기술도 활용하려 했다. 실제 만화처럼 보이도록 하기 위해 인쇄물을 확대했을 때 보이는 '벤데이 점 Benday Dots'과 같은 원색 점으로 색과 색조를 표현했고, 말풍선을 그려 넣고 대사를 적어 놓았다. 「물에 빠진 소녀」는 1962년 발행된 『사랑을 위해 달려 Run for Love』라는 청소년 만화책 중 한 장면이다. 작가가 실제로 이미지를 창조한 것도 아니고 실재하는 만화책에서 한 컷을 가져다가 작품이라고 발표하자 당시 비평가들은 싸구려 유머라며 혹평했다.

여기서 문제 삼았던 것은 다름 아닌 '오리지날리티'이다. 마르셀 뒤샹이 변기를 가져다 작품이라고 한 것과 같이 도대체 작가의

로이 리히텐슈타인 Roy Lichtenstein, 1923-1997
「물에 빠진 소녀 Drowning Girl」,
캔버스에 유채, 171.6 x 169.5cm
1963년, 뉴욕현대 미술관

고유영역인 창조성이 어디 있냐는 것이다. 작가는 말한다. 「물에 빠진 소녀」는 원작 만화와는 다르다고. 그는 연속적인 만화 컷 중 하나를 선택해서 전혀 다른 맥락 속에 독립적으로 위치시켰다. 이제 이 컷은 더 이상 만화의 스토리를 구성하는 일부가 아닌 하나의 미술작품으로 화합된 것이다. 만화 속 여주인공은 대사를 말하지만 리히텐슈타인 작품 속 대상은 메시지를 전달한다. 어떤 메시지를 전달 받을 것인가는 관람객의 몫이다.

거장들의 발자취를 따라가다

뉴욕 예술학생연합
Art Student League of New York

215 West 57th Street New York, NY 10019
(212) 247-4510
www.theartstudentsleague.org

57가 57th Street 미드타운 맨해튼에 위치한 미술학교를 하나 소개하려고 한다. 1875년에 설립된 뉴욕 예술학생연맹은 130년의 전통을 자랑하는 미술학교이다. 이 정도의 오랜 전통이라면 들어가기도 어렵거니와 학위를 따기도 힘들 것이라는 예상을 하게 되는데, 특이하게도 이 미술학교는 학위를 부여하는 어떤 프로그램도 존재하지 않으며 성적 또한 내지 않는다고 한다. 성적도 학위도 없는 학교라니. 학교인지 학원인지 구분이 잘 가지 않는 이 미술학교는 그럼에도 불구하고 130년간의 전통을 꾸준히 이어오고 있고 걸출한 작가들을 배출해왔다.

　20세기 뉴욕미술의 거장들이 모두 이곳을 거쳐 갔다. 잭슨 폴락, 마크 로스코, 바넷 뉴먼, 로이 리히텐슈타인, 도날드 저드 Donald Judd, 1928-1994, 프랭크 스텔라 Frank Stella, 1936- 등이 그 대표적 작가들이다. 이들의 작품은 이제는 길 건너 골목 몇 개만 지나면 되는, 단 5분 거리의 모마에서 볼 수 있다. 이들이 이곳에서 공부할 때 자신들의 작품이 모마에 걸리게 될 것이라고 상상이라도 했을까.

뉴욕 예술학생연맹 외관

거장들이 거쳐 간 학교이니 뭔가 다르지 않을까라는 기대를 당연히 하게 되지만 실제로 가 본 뉴욕 예술학생연맹은 그저 평범한 미술학교였다. 수업료도 그리 비싸지 않고 다양한 시간대에 수준 있는 미술 수업을 들을 수 있어 젊은 학생을 비롯해 직장인, 퇴직한 어르신네 등 학생의 연령대가 다양하다는 것을 제외하고는 여느 학교 미술실 같다는 생각이 들 정도로 평범했다.

1층 로비에 들어서면 부드러운 클래식 음악이 조용히 귓가에 들리는데 굳이 꼽자면 그 점이 특별했다. 학교 로비에서 클래식 음악을 틀어주는 경우는 드무니 말이다. 그렇지만 학교의 전반적인 분위기가 격식 있거나 고전적인 것은 아니다. 건물 구석구석 물감의 흔적이 보이고 바닥은 어수선하기 짝이 없으며 오래된 층계와 엘리베이터는 그 역할을 할 수 있는지가 의심될 정도로 불안해 보였다. 뭐 하나 특이할 것 없는 곳이었지만 건물 곳곳에서 일상에 평범하게 스며든 미술에 대한 열정과 의지만은 느껴졌다.

미술이라 하면 뭐 대단히 특별하고 감각 있는 사람들이 하는 뭔가 다른 무엇일 것이라는 막연한 동경과 기대가 있다. 물론 천재적인 미술가들은 분명 존재해 왔고 대단히 특별하고 감히 흉내 낼 수 없는 대작들이 있는 것 또한 사실이다. 그렇다면 평범한 나는 미술에 대한 열정과 의지를 포기해야 하는 것일까. 평범한 나에게는 기회가 주어지지 않는 것일까.

'그렇다'고 하면 참 실망스러울 것이다. 다행스럽게도 대답은 '그렇지 않다'라는 것이다. 다양한 연령대의 시민들이 자신의 일상에 스며든 미술에 대한 열정과 의지를 자유롭게 표현할 수 있는 뉴욕 예술학생연맹과 같은 학교가 있기 때문이다. 학위도 없고 성적도 없지만 학생들은 진지하고 신중해 보였다. 학위도 없고 성적도 없기에 이곳에 발을 담았던 예술가들은 진짜 예술을 탐구하고 만들었다. 이제는 이름만 들어도 고개가 끄덕여지는 뉴욕미술의 거장들의 발자취를 따라가 볼 수 있는 곳, 뉴욕 예술학생연맹이다.

> **필리스 해리만메이슨 갤러리**

1년 중 11개월을 오픈하는 필리스 해리만 메이슨 갤러리 Phyllis Harriman Mason Gallery 는 뉴욕 예술학생연맹의 갤러리로 학교 학생이나 교수들의 작품을 전시한다. 1년에 3만 명 이상의 방문객을 자랑하는 이 갤러리는 전시를 비롯해 강의나 기타 다양한 프로그램을 제공한다. 화려하진 않지만 현대미술의 주요 이슈를 다루는 깊이 있는 전시를 만나게 될 것이다. 1년 중 11개월을 오픈하는 갤러리이지만 하필 그 한 달 동안 방문을 계획하면 낭패이니 미리 홈페이지에서 확인을 하고 가길 바란다.

> **It will keep your senses busy - Lee's Art Shop**

방문을 마치고 나오면 뉴욕 예술학생연맹 건물 길 건너 맞은편에 리의 아트샵이 눈에 띈다. 미술용품을 비롯해 가구, 앙증맞은 전등, 액자, 학용품, 파티 용품 등 신기하고 예쁜 물건들이 많이 있다. 가격은 좀 비싼 편이지만 미국에서는 찾기 힘든 아기자기하고 귀여운 물건들이 눈을 즐겁게 할 것이다.

Lee's Art Shop

이상한 나라의
엘리스가 되다

디자인 미술관
Museum of Arts and Design

2 Columbus Circle New York, NY 10019
(212) 299-7777
www.madmuseum.org

센트럴 파크 서쪽 입구를 끼고 있는 콜롬버스 서클 Columbus Circle 은 언제나 관광객과 그들을 상대로 하는 호객꾼들로 붐빈다. 콜롬버스 서클을 둘러싼 모던빌딩들과 맨해튼의 심장인 센트럴 파크의 시각적 조화로움은 디자인 미술관에 들어서기도 전에 방문객의 마음을 설레게 한다.

콜럼버스 서클

콜럼버스 서클일부

미대륙의 존재를 유럽전역에 알린 크리스토퍼 콜롬버스 Christopher Columbus, 1451-1506의 이름을 따서 명칭한 콜롬버스 서클은 1905년에 완공되었다. 이름 그대로 서클이다. 1892년 세워진 기념비는 서클 중앙에 위치하고 있고 이탈리아인 조각가 루소 Gaetano Russo가 조각했다. 높이 21미터의 이 기념비에는 콜롬버스의 모습이 조각되어있다. 센트럴 파크의 푸름과 콜롬버스 서클을 달리는 노란 뉴욕 택시가 흥미롭게 뒤섞인 독특한 이곳은 쇼핑센터인 타임 워너 센터 Time Warner Center와 함께 관광명소를 넘어 시민들을 위한 문화공간으로 이용되고 있다.

센트럴 파크 서쪽입구

타임 워너 센터 건물

타임 워너 센터 입구

타임 워너 센터 내부

디자인미술관 건물 　디자인미술관입구

　　　디자인 미술관은 주위의 여러 명소를 이웃으로 둔 지리적 이점을 바탕으로 다양한 방문객을 유치하고 있다. 디자인 미술관 역시 콜럼버스 서클의 빌딩 중 하나이다. 미술관 좌측으로는 타임워너 센터, 우측으로는 센트럴 파크 서쪽 입구가 있다.
　　　로비에 들어서면 먼저 입구 오른쪽에 자리한 미술관 스토어가 보인다. 보통 미술관 스토어에서 판매되는 상품들의 수준이나 디스플레이 방식을 보면 그 미술관의 전시수준 또한 대략 짐작할 수 있어 가끔 갤러리 관람에 앞서 스토어를 먼저 둘러보는 것도 재미 중의 하나이다. 반짝거리고 투명한 작은 공예품들을 비롯해 섬세하고 아름다운 목걸이, 귀걸이, 팔찌 등의 보석이 단순히 판매를 위한 디스플레이를 넘어 전시수준으로 진열되어 있었다. 작은 전시를 먼저 본 듯한 기분이 들었다.

디자인미술관로비

미술관스토어

층을 옮겨 갤러리 공간으로 들어섰다. 갤러리에 들어서서 가장 눈에 띄는 것은 주어진 전시공간을 창의적으로 재구성한 큐레이터의 손길이었다. 단순히 작품을 쳐다보는 수준을 넘어 모든 각도에서 모든 감각을 동원하여, 작품을 감상할 수 있도록 주위의 공간을 최대로 이용한 노력이 보였다.

    2차원의 작품을 단순히 정면으로 바라보는 수준이 아닌 아래에서도 위에서도 옆에서도 뒤에서도 볼 수 있도록, 그리고 보는 것에 그치는 것이 아니라 작품을 경험하게 했다.

공간을 십분 활용하는
디자인미술관의 전시품 일부

주전자이길 거부하는 주전자
전시품 일부

전시관 실내

　3층에 전시된 세라믹과 공예품 또한 흥미로웠다. 주전자인 듯 보이는 한 공예품은 주전자로써의 기능적인 형태에 어느 정도는 충실한 듯했지만(주전자 모양처럼은 보였다) 주전자로서의 역할에서는 벗어나려 하고 있었다. '난 더 이상 주전자가 아닌 디자인 미술품이야!'라고 소리치는 듯한 주전자를 보고 있노라니 마치 내가 이상한 나라에 온 엘리스가 된 것 같았다.

　디자인 미술관은 이런 주전자와 같이 점토로 만들어진 수제품과 유리, 금속, 섬유, 목재로 만들어진 디자인 제품 등을 전시한다. 1956년 미국공예협회는 현대공예 미술관 Museum of Contemporary Crafts을 설립하였다. 이후 1986년 아메리칸공예 미술관 American Craft Museum이라 이름 지어졌고, 2002년에 이르러 디자인 미술관 Museum of Arts and Design이라는 지금의 이름으로 불리게 되었다.

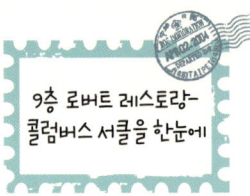

9층 로버트 레스토랑-
콜럼버스 서클을 한눈에

9층에 위치한 로버트 레스토랑의 전망은 대단하다. 콜롬버스 서클과 센트럴 파크의 장관이 한눈에 내려다보인다. 간단한 샐러드에서부터 고급스러운 주메뉴를 다양한 가격 (10-30불)으로 제공하는 이 레스토랑은 눈과 입을 즐겁게 해주는 곳이다.

로버트 레스토랑

9층 로버트 레스토랑에서 내려다본 콜럼버스 서클 전경

서양에서 보는 동양미술

아시아 소사이어티
Asia Society

725 Park Avenue New York, NY 10021
(212) 288-6400
www.asiasociety.org/new-york

우리는 종종 다른 사람을 특정 부류로 단정 지어 버리곤 한다. 특히나 그 다른 누군가를 내 기준에서 이해할 수 없거나 이해하기 싫을 때 이런 경향은 더 심해진다. 미국에 살면서 나는 종종 다른 누군가가 되었고, 그들이 정해놓은 스테레오 타입에 분류되기도 했다.

'동양인은 말이 없어', '동양인은 공부만 해', '동양인은 일만 해' 등등 약간은 획일적인 이런 분류는 종종 나를 불쾌하게 했다 (어쩌면 진짜 나의 모습일 수도 있지만). 다수는 소수를 구태여 잘 알려고 들지 않는다. 소수의 한 사람 한 사람을 이해하고 알아간다는 것은 굉장히 복잡하고 시간이 꽤 소요되는 일이기 때문이다.

아시아 소사이어티 건물

이런 현상은 어느 나라에서건 일어나는 일일 테고 이해하려 들면 못할 것도 없지만 소수가 되어 본 한 사람으로서는 너무나 불공평하게 느껴졌다. 다수와 소수의 이해관계에 대한 조금은 억지스런 내 논리가 맞는다면 맨해튼에 있는 많은 문화센터의 역할은 상당히 중요해진다. 각 나라별 문화센터의 목적은 다수에게 그들의 문화를 알리는 것이고 문화를 알리고 문화를 배우는 것 모두 다수와 소수 사이에서 일어나는 일이기 때문이다.

　서로를 이해하고 공존하겠다는 거시적인 목적 아래 설립된 맨해튼의 많은 문화단체 중 동양에 대한 이해를 높이고 동양문화를 공유하여 국가 간에 상호관계를 긴밀히 하고자 설립된 동양문화센터가 있다. 바로 아시아 소사이어티다.

　아시아 소사이어티는 1956년 설립 이래 그들의 설립취지에 맞는 정치, 문화, 사회적 활동을 하고 있으며 다양한 동양미술 전시도 기획해 왔다. 아시아 소사이어티는 미국 사회 역사상 가장 막강한 영향력을 가진 락카펠라가의 존 D. 락카펠라 *John D. Rockefeller* 3세가 설립했다. 락카펠라 패밀리는 19세기 말부터 20세기 초까지 석유회사 *Standard Oil Company*를 운영하면서 세계에서 손꼽히는 부호가 되었고 '제이피 모건 체이스 *JP Morgan Chase*'라는 금융기업으로 현재는 더 잘 알려져 있다.

아시아 소사이어티 내부 일부

　이들의 북미 내에서의 영향력은 대단하며 아시아 소사이어티를 비롯하여 뉴욕현대 미술관, 클로이스터스 The Cloisters, 세계무역센터 The World Trade Center, 링컨 센터 Lincoln Center 등 뉴욕 내 유명 단체들의 든든한 후원자이다. 뿐만 아니라 세계적 명문대학인 하버드, 프린스턴, 스탠포드, 예일, 콜롬비아, 코넬과 같은 대학들 대부분을 후원한다. 이렇게 백인 파워가 압도적인 락카펠라 재단에 의해 설립된 아시아 소사이어티는 단순히 동양적이지만은 않다. 다분히 미국 특정계층이 즐겨 보는 동양의 단면만을 조명한 전시도 간혹 기획되기 때문이다. 서양에서 보는 동양미술이 편하지만은 않았지만 동양미술과 문화에 대한 아시아 소사이어티의 관심과 노력만큼은 감사한 일임은 분명하다.

강인하고 솔직한
아메리칸 모더니즘

휘트니 미술관
Whitney Museum of American Art

945 Madison Avenue New York, NY 10021
(212) 570-3600
www.whitney.org

휘트니 미술관을 유난히도 좋아하시던 교수님 덕에 한 학기 내내 휘트니를 방문하고 작품을 만들고 글을 쓰곤 했던 기억이 있다. 휘트니를 시작으로 미술관에서 주저앉는 나의 버릇은 시작되었다. 워낙에 자주도 갔지만 작품을 보고 느낀 점을 글로 써 오라시니 일부 특별전은 사진 찍는 것도 허용이 안 되고, 보고 집에 가서 쓰자니 느낌을 잊어버릴 것 같고 해서 아예 몇 시간이고 작품 앞에 주저앉아서 글을 쓰곤 했다. 이렇게 몇 시간씩 주저앉아 있

휘트니 미술관 건물

는 나를 투명인간 취급해 주신 미술관 측의 배려(?)에 고마웠다.

휘트니는 다른 어떤 미술관보다 관람객에게 공간적인 자유를 누리게끔 해준다. 미술작품을 감상하면서 누릴 수 있는 혜택 중 가장 큰 혜택이 아닐까 싶다. 현실세계에서 완벽히 벗어나 그 누구도 개입되지 않은, 오로지 작품과 나의 관계에만 집중할 수 있는 공간 말이다.

휘트니 미술관 건물 입구

그런 공간이 마련되기 위해서는 작품과 작품 사이의 일정한 거리도 유지되어야 할 뿐만 아니라 관람객 개개인에게도 개인공간이 주어져야 한다. 휘트니는 이 조건을 아주 잘 충족시킨다. 물론 대다수의 다른 미술관이나 갤러리들도 여유로운 공간을 제공하기 위해 네모반듯한 텅 빈 공간에 몇 점 안 되는 작품을 전시하는 세심함(?)을 보여주기는 하지만, 하얀 벽면과 반짝거리는 조명 아래 우아하게 전시되어 있는 작품을 보노라면 왠지 청바지 차림의 내 모습이 민망하고 좀 주저앉아서 감상하고 싶어도 허락을 받아야만 할 것 같은 부담감을 느끼게 된다.

이에 비해 휘트니는 공간적 자유를 제공하면서도 관람객을 부담스럽게 하지 않는다. 하얀 벽면 대신 원시시대의 동굴을 연상시키는 어두운 색감과 거친 질감의 벽면이 있다. 반짝거리는 조명 대신 은은하고 한편으로는 어둡게까지 느껴지는 조명이 있다. 휘트니는 거칠고 강하지만 그 가운데 질서가 느껴진다. 모더니즘과 프리미티즘 primitivism, 원시주의의 절묘한 조화랄까. 마셀 브루어 Marcel Breuer, 1902-1981가 건축한 휘트니 미술관은 모더니즘과 프리미티즘이 조화된 미국적 모더니즘을 건물 구석구석에서 만나게 한다.

휘트니의 컬렉션의 대부분은 20세기와 21세기 아메리칸 미술이다. 뉴욕현대 미술관이 유럽식 모더니즘에 기반을 두고 있다면 휘트니는 아메리칸 모더니즘이다. 1929년에 개관한 모마에 이어 휘트니 Gertrude Vanderbilt Whitney, 1875-1942는 1931년에 아메리칸 미술을 위한 미술관을 개관한 것이다.

휘트니 미술관의 컬렉션은 회화, 드로잉, 프린트, 조각, 인스톨레이션, 비디오, 사진, 미디어아트 등의 다양한 장르로 구성되어 있으며 2년마다 휘트니 비엔날레라는 국제적인 전시로 신진작가들을 미술계에 소개한다. 600점으로 시작했던 컬렉션은 1954년 1300여 점으로 늘어났고 1966년 현재의 미술관 건물이 메디슨 에비뉴 75가 75th Street에 개관할 때는 2000여 점으로 증가했다.

휘트니 미술관에 들어서면 그 입구에서부터 확 트인 넓은 로비와 천장의 조명 디자인이 인상적이다. 1층 전시부터 보기보다는 엘리베이터를 타고 올라가 꼭대기층인 5층부터 감상을 시작해서 내려오기를 바란다. 휘트니의 또 다른 매력은 층을 이어주는 계단이다. 거칠고 정제되지 않은 듯한 층계를 통하면 휘트니를 구석구석 더 잘 알게 될 것이다.

5층은 주로 휘트니의 영구소장품을 전시하는 갤러리이다. 그때 그때의 기획의도에 따라 다르겠지만 보통 5층 갤러리에서는 20세기 거장들의 작품을 대거 만날 수 있다.

미술관 층계와 층계 사이시이 벤치

Josef Albers, Donald Baechler, Lucile Blanch, Thomas Hart Benton, Louise Bourgeois, Charles Burchfield, Alexander Calder, Greg Colson, Dan Christensen, Ronald Davis, Stuart Davis, Richard Diebenkorn, Arthur Dove, William Eggleston, Helen Frankenthaler, Arshile Gorky, Keith Haring, Grace Hartigan, Eva Hesse, Hans Hofmann, Marsden Hartley, Robert Henri, Edward Hopper, Jasper Johns, Franz Kline, Willem de Kooning, Lee Krasner, Ronnie Landfield, John Marin, Knox Martin, John McCracken, John McLaughlin, Robert Motherwell, Bruce Nauman, Louise Nevelson, Barnett Newman, Kenneth Noland, Jackson Pollock, Maurice Prendergast, Kenneth Price, Robert Rauschenberg, Man Ray, Mark Rothko, Morgan Russell, Albert Pinkham Ryder, Cindy Sherman, John Sloan, Paul Pfeiffer, Andy Warhol

휘트니 컬렉션의 유명 작가들

휘트니 컬렉션을 이루고 있는 유명 작가들이다. 얼핏 보아도 굵직한 이름들이 눈에 많이 띈다. 이들 중 많은 작가들의 작품은 뉴욕현대 미술관 소장품 목록에도 당연히 올라와 있다. 모마 전시에서 보았던 거장들의 작품을 이곳 휘트니에서도 만날 수 있는 것이다. 그런데 모마에서 볼 때랑은 참 다른 느낌이었다. 모마는 마치 잘 엮어진 근대미술사 서적을 읽는 듯한 느낌이라면 휘트니는 그 책에 포함된 재미있는 부록 같은 느낌이다. 근대미술사 흐름 속 한 작품으로 전시되기보다는 각 작품의 독창성을 말하려는 의지가 느껴졌다. 그리고 그 의지는 전시 형태에서 여실히 드러난다.

회화는 회화대로 조각은 조각대로 설치미술은 설치미술대로 분리, 구분해서 전시하는 형태가 아니라 휘트니 상설 전시관에는 회화, 조각, 설치미술, 비디오아트 등 여러 장르의 미술품이 한 곳에 모여 있다. 회화를 막 보고 눈을 돌리면 조각이 있고 조각을 보고 나면 설치미술이 이어진다. 이런 식의 전시는 자칫 전시 주제와의 일관성 문제 때문에 대부분의 미술관이나 갤러리들에서는 흔히 볼 수 없는 형태이다. 큐레이터의 천재적인 의도였는지의 여부는 모르겠으나 이렇게 전시된 작품들은 하나의 일련 선상에 놓이지 않게 되었고 덕분에 작품 하나 하나가 돋보여 좋았다. 그리고 그중에서 단연 인기를 끄는 작품은 에드워드 호퍼의 작품이었다.

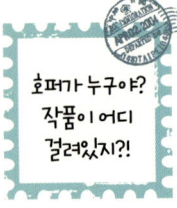

호퍼의 위상은 모마와 휘트니 두 미술관에서 확연히 차이가 난다. 유럽적 모더니즘의 모마와 아메리칸 모더니즘을 지향하는 휘트니의 성향은 호퍼를 어디에 전시했는가에서 여실이 드러난다. 내가 호퍼를 처음 알게 된 것은 모마에 온 한 관람객 덕분이다. 작품들이 전시된 위치를 눈을 감고도 찾아갈 수 있다고 자신할 무렵 나이가 지긋이 드신 미국인 할아버지 한 분이 에드워드 호퍼의 작품이 어디 있느냐고 물어 오셨다.

처음 듣는 작가 이름에 당황하여 급하게 위치를 찾기 시작했지만 호퍼라는 성을 찾을 수가 없었다. 더 당황한 나는 주위 동료들에게 물었지만 그들 또한 금시초문이라는 듯한 표정이었다. 우여곡절 끝에 결국 호퍼라는 작가의 작품이 5층 입구 근처 구석진 곳에 걸려 있다는 사실을 알게 되었다. 부랴부랴 5층으로 달려가 호퍼의 작품을 확인했다.

모마의 5층이 어떤 곳인가. 세잔, 마티스, 피카소, 모네, 고흐 등의 19세기 작가들이 대거 모인 곳이 아닌가. 이 반열에 들지 못하고 한켠에 조용히 자리한 호퍼의 작품은 그의 작품 세계 속에 나타난 단절을 상징이나 하듯 다른 작품들과 철저히 단절되어 있었다.

에드워드 호퍼Edward Hopper, 1882-1967
「철길 옆의 집」House by the Railroad
캔버스에 유채, 61 x 73.7cm
1925년, 뉴욕현대 미술관

「철길 옆의 집」을 통해 호퍼는 아무 말도 하지 않는 듯 보인다. 어디를 보아야 하는지 시선 처리도 부정확하여 관객은 호퍼의 작품을 보면서 소외감을 느끼게 된다. 그의 그림은 전형적인 미국 풍경임에도 불구하고 익숙하거나 친숙하지 않다. 현대생활로 인해 인간이 자연에 대해 느끼는 소외감과 단절은 오히려 낯선 풍경을 만들어 낸다.

에드워드 호퍼
「이른 일요일 아침Early Sunday Morning」
캔버스에 유채, 89.4 × 153cm
1930년, 휘트니 미술관

20세기 초 뉴욕은 미국에서 가장 큰 메트로폴리스였고 여러 예술가들은 작품 속에서 뉴욕을 그렸다. 다양한 인종이 살아가는 흥미로운 도시라는 이미지의 뉴욕을 그린 다른 화가들과는 달리 호퍼가 「이른 일요일 아침」에서 그린 뉴욕의 7번가는 고요한 정적이 흐른다. 작가가 언급하지 않았다면 이 작품이 뉴욕 7번가를 그린 것이라고 생각하기조차 힘들다. 사람들이 보이지 않는 이른 일요일 아침의 맨해튼 7번가. 여생의 대부분을 맨해튼의 조그마한 스튜디오에서 보낸 호퍼가 그리고자 했던 것은 무엇이었을까?

에드워드 호퍼
「주유소Gas」
캔버스에 유채, 66.7 × 102.2cm
1940년, 뉴욕현대 미술관

「주유소」는 모마의 소장품으로 비록 직접 보지는 못했지만 화집을 통해서 가장 인상 깊게 본 호퍼의 작품 중 하나이다. 미국풍경에서 빼놓을 수 없는 한 가지가 있다면 단연코 주유소다. 맨해튼 시내를 제외하고는 대중교통이 잘되어 있지 않아 차가 없이는 한 발자국도 움직이지 못하는 것이 미국이니 말이다. 자동차 문화가 익숙한 미국인들은 차에 관련된 기억들도 많을 터이고 단연코 주유소도 익숙하다. 미국에서 태어나 자랐고 생활한 호퍼는 주유소와 같은 전형적인 미국적 소재를 즐겨 그렸다. 그런데 이 작품에는 양면성이 있다고 한다. 작품 속에 '모빌가스 Mobil Gas'라고 쓰인 문구가 보이는데 이는 병든 미국의 문명을 상징하고자 한 작가의 의도로 해석된다. 평화로워 보이지만 평화롭지 않은 것이 이 작품의 핵심인가 보다.

에드워드 호퍼
「햇빛 속의 여인 A Woman in the Sun」
캔버스에 유채, 101.9 x 155.6cm
1961년, 휘트니 미술관

「햇빛 속의 여인」은 호퍼의 후기 작품 중 하나로 남성과 같은 강인한 몸을 지닌 여인이 누드로 창밖을 응시하고 있는 작품이다. 여인은 실내에 있지만 실내 분위기는 그리 아늑해 보이지는 않는다. 여인의 몸은 우리가 이상적으로 생각하는 아름다움과는 거리가 멀어 보인다. 여인은 당당한 포즈로 담배를 피며 창밖을 응시하고 있다. 자연과의 단절을 상징하는 듯한 직각의 창문, 여성의 굴곡이 표현되지 않은 직선의 그림자, 침대의 딱딱함 등에서 음울한 정적이 흐른다.

Upt wn

o

Manhattan

3장 부드러운 제스처가 좋다

특별한 저택의 주인이 되어 본다 [프릭 컬렉션]

천상의 아름다움 [메트로폴리탄 미술관]

천상의 색과 절대적 고귀함이 있는 곳 [노이에 갤러리]

건축이 이야기한다 [구겐하임 미술관]

조용한 업타운의 오전에 즐기는 차분한 커피 한잔 [유대인 미술관]

혹시 뉴요커이신가요? [뉴욕시 역사박물관]

업타운의 숨겨진 비밀의 정원 [바리오 미술관]

특별한 저택의
주인이 되어본다

프릭 컬렉션
Frick Collection

1 East 70th Street New York, NY 10021
(212) 288-0700
www.frick.org

첫 인상은 참 중요하다. 특히나 미술관을 방문하거나 작품을 접할 때에는 더더욱 말이다. 나는 미술관을 방문하기 전에 위치나 관람시간 등과 같은 기본정보를 제외하고는 굳이 알려 하지 않는다. 백지 상태에서 가장 순수하고 정확한 첫 인상을 받고 싶어서이다. 아무 기대나 선입견이 없이 받은 첫 느낌은 고유하고 그 고유한 인상은 말 그대로 첫 인상이기에 두 번 다시는 그와 똑같은 감정을 느낄 수가 없어 희소성을 가진다. 미지의 세계로 발걸음을 시작하는 그날 아침의 설렘임과 흥분 또는 약간의 긴장과 두려움을 즐겨보기 바란다.

처음 프릭 컬렉션에 방문했을 때가 기억이 난다. 지금이야 프릭 컬렉션에 내 집 드나들 듯하지만 그때만 해도 낯선 이름이 주는 묘한 기운에 가기도 전부터 긴장이 되었다. 미술관도 아니고 컬렉션이라. 개인 소장품이라는 이미지가 강하게 풍기면서 내 접근을 경계하는 듯한 느낌을 받았다.

프릭 컬렉션 외관

프릭 컬렉션 건물 입구

　역시나 대단한 부호의 저택처럼 보이는 프릭 컬렉션은 입구에서부터 나를 주눅 들게 했다. 겹겹이 저택을 에워싼 화려한 문양의 울타리, 그리스나 로마의 신전을 연상시키는 대리석 부조와 기둥, 그리고 울타리 사이사이로 보이는 연못과 잘 손질된 정원. 세련된 고급스러움은 청바지에 운동화 차림의 나를 주춤하게 만들기에 충분했다. 조심스럽게 정문을 열고 붉은색의 푹신한 카펫이 지저분한 내 운동화 바닥에 부드럽게 와 닿는 순간, 또 한번 드는 생각. '나 여기 들어가도 돼?'

　현대의 미술관들은 미술관을 찾는 방문객들에게 최대의 친절을 보임으로 그들과의 소통을 꾀한다. 한마디로 보통의 미술관은 친절하다는 것이다. 그런데 프릭 컬렉션은 달랐다. 방문객에게 존경과 친절을 표현한다기보다는 프릭 컬렉션 자신의 위엄과 긍지를 온몸으로 보여주고 있었다.

　현재의 프릭 컬렉션 건물은 1913년에 헨리 클레이 프릭 Henry Clay Frick의 개인 저택으로 지어졌다. 프릭 사후 그의 바람대로 저택이 미술관으로 대중에게 개방되었다. 1935년 프릭 저택이 대중에게 공개된 이후 약 80년이 넘었지만 내부 구석구석에 배치된 고급가구, 금빛으로 조각된 문고리, 세련되고 화려한 문양의 커튼, 책

프릭 컬렉션 정원

장에 꽂힌 고서 등 실내의 모든 요소들은 프릭의 개인 취향을 여실히 보여준다. 프릭 자신을 위한 미술궁전이라 해도 과언이 아닌 것이다.

   작품들은 6개의 갤러리에 프릭이 직접 진열한 그대로 전시되어 있다. 마치 주인인 헨리 프릭을 섬기듯 매 방문객을 섬기는 이 저택의 독특함은 나를 특별한 저택의 주인으로 만들어 주었다.

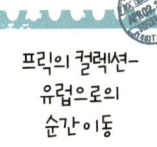
프릭의 컬렉션-
유럽으로의
순간이동

   프릭 컬렉션은 치마부에, 조반니 벨리니, 렘브란트, 요하네스 베르메르, 프랑수아 부셰, 프란시스 고야, 윌리엄 터너, 존 컨스터블과 같은 유럽회화 거장들의 작품들로 유명하다. 또한 자기나 조각, 18세기 프랑스식 가구도 집안 곳곳 전시되어 있다. 프릭의 소장품은 13세기부터 19세기까지에 이른다. 유럽 회화의 역사를 한 번에 살펴보게 되는 것이다. 치마부에와 벨리니는 이탈리아로, 렘브란트와 베르메르는 네덜란드로, 부셰는 프랑스로, 고야는 스페인으로, 그리고 컨스터블과 터너는 영국으로 당신을 데려가 줄 것이다.

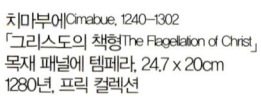
치마부에 – 피렌체
최고의 중세화가
(후기 비잔틴,
르네상스 직전)

13세기는 이전까지의 비잔틴과 로마네스크의 평면적이고 장식적이며 비사실적인 양식과는 달리 입체감이 있는 사실주의가 태동하는 시기이다. 치마부에는 비잔틴 성상 특유의 경직된 표현 양식에서 벗어나 성화 속의 인물들을 좀 더 부드럽고 인간적으로 표현했으며 입체감을 살려 사실적으로 묘사하였다.

치마부에가 당대에 시작한 이 사실주의는 르네상스에 절정을 이루게 된다. 이에 치마부에를 이탈리아 르네상스의 선구자라 부르기도 한다. 1950년 프릭 컬렉션이 구입한 「그리스도의 책형」은 치마부에의 작품이라고 알려져 왔지만 반세기에 걸쳐 그의 작품이 아닐지도 모른다는 논란이 있어 왔다. 하지만 6년 전, 드디어 이 작품이 치마부에의 작품이라고 확실히 밝혀져 「그리스도의 책형」은 미국이 소유한 단 한 점의 치마부에 작품이 되었다.

전경의 인물들과 원경의 건축물이 다소 입체적으로 표현되어 있으며 책형에 고통 받는 예수의 표정에서 인간적인 정감이 흐름을 엿볼 수 있다.

치마부에|Cimabue, 1240–1302
「그리스도의 책형|The Flagellation of Christ」
목재 패널에 템페라, 24.7 x 20cm
1280년, 프릭 컬렉션

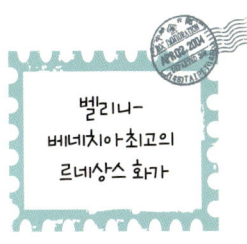

벨리니 – 베네치아 최고의 르네상스 화가

벨리니는 고향 베네치아를 떠난 적도 거의 없고 베네치아에서 태어나 베네치아에서 사망하였다. 베네치아 화파의 '창시자'라 불리는 벨리니는 그의 수많은 작품을 통해 베네치아 양식의 정수를 보여 주었고, 그의 활약 덕분에 베네치아는 피렌체, 로마와 함께 이탈리아 르네상스의 주요도시가 되었다.

그는 작품 속의 공간을 점차 현실적으로 묘사하는데 관심을 가졌고 단일한 장면 속에서 전경과 원경에 여러 사건이 묘사된 그림을 그렸다. 특히 대부분의 작품에서 자연에 대한 동경이 드러나는데, 프릭 컬렉션의 「성 프란체스코의 황홀경」에서 역시 서정적인 색감으로 돋보이는 자연 묘사가 아름답다. 유채 기법을 도입하여 독특하고 감미로운 색조로 자연 풍경과 인물상을 조화롭게 표현했다.

조반니 벨리니Giovanni Bellini, 1430?–1516
「성 프란체스코의 황홀경St. Francis in the Desert」
패널에 유채, 124.6 x 142cm
1475–1478년, 프릭 컬렉션

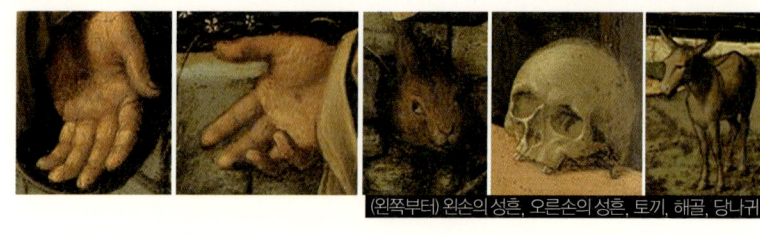

(왼쪽부터) 왼손의 성흔, 오른손의 성흔, 토끼, 해골, 당나귀

작품 속 등장하는 성 프란체스코 St. Francis of Assisi, 1181/82-1226는 성흔 stigmata, 일부 성인의 몸에 나타난 것으로 여겨지는 예수의 몸에 새겨진 못자국과 같은 상처을 받아 황홀한 묵상에 빠진 듯하다. 성 프란체스코의 양손바닥에는 성흔이 표시되어 있고, 왼손 옆쪽으로 그려진 샌달과 책상 위의 해골, 오른손 옆의 토끼, 중경의 당나귀와 왜가리 그리고 원경의 예루살렘의 모습 등 디테일한 요소들이 등장한다. 이는 모두 이중적인 의미를 지녔다 한다. 당나귀는 겸손과 인내 그리고 게으름과 멍청함을 상징하고, 해골은 죽음을 상징한다.

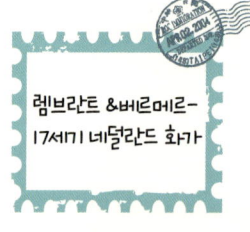

렘브란트 & 베르메르 - 17세기 네덜란드 화가

렘브란트는 역사 화가이자 초상화가로 불린다. 풍부한 붓놀림과 명암대비가 특징인 그의 초상화, 풍속화, 풍경화들은 17세기 암스테르담의 생활상을 잘 보여준다. 인간에 대한 통찰력을 가진 렘브란트는 인물의 표정으로 인간의 깊은 내면세계를 그려냈다.

이 작품은 렘브란트의 유명한 「자화상」이다. 그는 그의 자화상을 많이 그렸는데 프릭 컬렉션의 이 자화상은 그가 52살 때 그린 것이라 한다. 하지만 작품 속 작가는 52살 보다는 더 나이가 들어 보인다. 자화상 속 렘브란트는 현실의 자신의 모습과는 달리 화려하게 치장된 성공한 작가의 모습이다.

렘브란트Rembrandt Harmensz. 1606-1669
「자화상Self-Portrait」
캔버스에 유채, 133.7 x 103.8cm
1658년, 프릭 컬렉션

그는 높은 명성을 누렸고 작품을 많이 제작했으나 가난 속에서 죽었다 한다. 1642년 아내 사스키아가 사망하면서부터 렘브란트는 재정적인 어려움에 빠지기 시작했다. 집이 경매에 넘어가고 파산선고를 받는 등 경제적으로 어려움을 겪었고 「자화상」이 제작된 무렵도 마찬가지였다. 하지만 흑백의 극명한 대비 속에서 정면을 고요히 응시하는 작품 속의 그의 눈빛과 근엄한 자세는 경제적 파산과 세월의 흐름에도 굴하지 않는 고집스런 렘브란트의 작가정신을 묘사하는 듯하다. 범접할 수 없는 자신의 아우라를 거친 듯한 붓 처리와 함께 캔버스에 남긴 렘브란트는 그의 작품 속에서 영원한 승리자이다.

「진주 귀걸이를 한 소녀」워싱턴 국립박물관로 우리에게 친숙한 베르메르는 렘브란트, 프란스 할스와 함께 네덜란드 17세기를 대표하는 3명의 화가 중 한 명이다. 빛의 화가라고도 불리는 베르메르의 대부분의 작품에서 공통적으로 나타나는 것은 외부의 빛을 환히 통과시키는 창문이다. 그리고 창문을 통해 실내로 스며드는 빛은 작품 속 여성을 조명한다.

프릭 컬렉션에서 나는 처음으로 베르베르의 작품을 접하게 되었다. 네덜란드 예술의 황금기였던 17세기를 화려하게 풍미한 거장의 작품이라는 사실은 당연히 몰랐고 그저 오래된 유럽작품이거니 했다. 게다가, 거실로 향하는 통로에 걸려있던 작품이라 사람들이 그리 눈여겨보는 것 같지도 않았다.

렘브란트의 「자화상」같이 크기가 큰 작품은 프릭 저택의 거실에 걸려있다. 거실이라는 공간의 특성상 메인 갤러리 같은 느낌이 있다. 반면 「장교와 웃는 소녀」는 거실로 향하는 복도에 걸려있었다. 베르메르의 유명한 작품들은 대부분 실내 풍속화로 규모가 좀 작은 편이다. 사람들이 지나다니는 통로에 걸린 이 작은 작품은 얼핏 보면 특별함이 없어 보인다.

요하네스 베르메르Johannes Vermeer, 1632-1675
「장교와 웃는 소녀Officer and Laughing Girl」
캔버스에 유채, 50.5 x 46cm
1657년, 프릭 컬렉션

그 이유는 크기가 작기도 하거니와 그의 작품은 '이야기가 없는' 작품이기 때문이다. 이 작품 역시 마찬가지이다. 제목에서 겨우 우리는 작품 속 두 인물이 장교이고 소녀라는 것을 알게 될 뿐 그 이외의 어떤 이야기도 없다. 소녀의 뒤쪽으로 지도가 걸려있기는 하지만 여기가 장교의 오피스인지 소녀의 집인지도 알 수 없다. 장교는 등을 돌리고 있어 가려져 있고 소녀는 얼굴에 웃음을 띠고 있다.

별 의미 없어 보이는 이 지극히 사적이고 평범한 일상의 순간을 작가는 포착해서 캔버스에 옮겨 놓았다. 때문에 어떤 변형도 없는 순수한 사실 그 자체가 되는 것이다. 그 사실은 독특한 인상을 자아내는 베르메르만의 색채와 합쳐져 평범하지만 평범하지 않은 신비로운 분위기를 형성한다. 그리고 그 분위기는 프릭 저택 통로에서 나의 발걸음을 충분히 멈춰 서게 했다.

부셰는 프랑스 로코코 미술을 대표하는 화가이다. 로코코 미술은 프랑스가 만들어 전 유럽에 전파시킨 미술 양식으로 '가볍고', '밝고', '장식적이고', '세련되고', '우아하고' 정도로 정의할 수 있다. 18세기 프랑스 사람들은 아름다움을 선망했고 이 아름다움을 그림으로 가장 잘 표현한 작가로 부셰를 꼽는다.

1734년 부셰는 프랑스 왕립아카데미의 회원이 되었고, 베르사유 궁을 위해 4점의 그림을 그리라는 주문을 받게 된다. 이를 시작으로 세상에 알려진 그에게 개인 수집가들의 작품 주문도 쇄도한다. 집의 벽과 진열관을 장식하기 위한 목적으로 수집가들은 작은 그림들을 원했고 이곳 프릭 저택의 벽에 장식된 부셰의 사계 4점 역시 아담한 사이즈이다.

프랑수아 부셰 Francois Boucher, 1703–1770
「사계: 봄 The Four Seasons: Spring」
캔버스에 유채, 54.3 x 72.7cm
1755년, 프릭 컬렉션

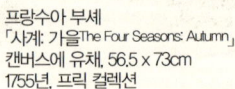

프랑수아 부셰
「사계: 여름 The Four Seasons: Summer」
캔버스에 유채, 54.3 x 72.7cm
1755년, 프릭 컬렉션

프랑수아 부셰
「사계: 가을 The Four Seasons: Autumn」
캔버스에 유채, 56.5 x 73cm
1755년, 프릭 컬렉션

프랑수아 부셰
「사계: 겨울 The Four Seasons: Winter」
캔버스에 유채, 56.8 x 73cm
1755년, 프릭 컬렉션

어찌 보면 프릭 컬렉션의 작품 중 가장 저택에 적합한 작품일지도 모르겠다. 고급스러운 저택의 실내 디자인과 겹겹이 드리운 레이스가 달린 커튼, 창문 사이로 스며드는 햇살과 어울려 부셰의 작품은 장식적이고 우아했고 세련되었다.

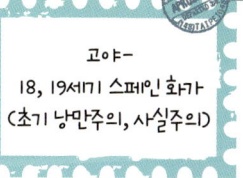

고야-
18, 19세기 스페인 화가
(초기 낭만주의, 사실주의)

고야가 살던 18, 19세기의 스페인은 정치, 사회적으로 혼란스러웠다. 대부분의 중·북부 유럽이 가톨릭의 엄격한 분위기에서 탈피한 반면 스페인은 중세의 가톨릭 분위기가 남아 있었고, 이단을 심판하는 종교재판이 그때까지도 성행했었다. 평생 동안 여섯 번이나 왕이 바뀐 어지러운 시대를 묵묵히 살면서도 고야는 귀족층의 후원을 얻었고 그것을 유지해가면서 그가 그토록 원했던 성공적인 삶을 살았다.

38세가 되면서부터는 여러 귀족들의 초상화를 그려 주면서 이름을 날렸고, 40세가 되자 엄청난 연봉을 받는 왕의 화가가 되었다. 프릭의 「오수나의 공작, 돈 베드로」역시 그가 그린 수많은 귀족 초상화 중 하나다. 고야의 초상화는 렘브란트의 권위적인 초상화와 달리 인간적이고 다정한 감이 있다. 왕과 귀족들의 초상화를 수없이 그리면서 고야는 그들도 한편으로는 연약하고 어리석은 보통 사람들임을 알게 되었다고 한다. 아마 그의 관찰이 어떤 초상화에서는 연민으로 또 어떤 초상화에서는 풍자로 나타난 이유가 될 것이다.

돈 베드로 공작은 스페인 육군사령관이자 비엔나 대사직을 맡고 있던 당시 스페인의 주요 귀족이었다 한다. 이 작품에서 역시 고야는 돈 베드로 공작을 권위적이고 무뚝뚝한 인물이 아닌 배가 불룩하고 흰 살결에 홍조를 띤 보통의 모습으로 그려내었다.

프란시스 고야Francisco Jose de Goya, 1746-1828
「오수나의 공작, 돈 베드로Don Pedro, Duque de Osuna」
캔버스에 유채, 113 x 83.2cm
1790년, 프릭 컬렉션

    고야가 58세 되던 1804년에 나폴레옹은 프랑스 황제로 등극하고 스페인에 대한 침략 의도를 보이게 된다. 그리고 1808년 드디어 프랑스 군대가 마드리드에 침입을 한다. 스페인의 비극적인 역사의 한 장면을 그린 「1808년 5월 3일의 총살」은 기존의 역사화와는 다른 새로운 양식의 역사화로 '기록에 대한 세부묘사를 배제하고 비극적 사건에 대한 보편적인 고발을 한다.
    인간에 대한 무차별적 살육에 대한 야만성을 고발하는 고야의 작품은 보는 이로 하여금 강한 공감과 연민을 일게 한다. 1808년 5월 3일 마드리드에 무슨 일이 있는지를 모른다 해도 무참히 살해된 인간의 모습과 '십자가에 못 박히시는 그리스도'의 모습을 한 흰 옷의 인물은 때론 연약하지만 경건하고 당당한 속성을 지닌 정의를 상징하는 듯하다.

프란시스 고야
「1808년 5월 3일의 총살The 3rd of May 1808 in Madrid: the executions on Príncipe Pío hill」
캔버스에 유채, 266 x 345cm
1814년, 프라도 미술관, 마드리드

궁정 화가로 출세를 한 고야는 더 이상 경제적인 어려움을 겪지 않게 되었고 서서히 그의 독자적인 화풍을 구축해 갔다. 프랑스의 침략에 휘말린 자신의 조국 스페인을 그렸고, 말년에는 검은 그림들이라 불리는 괴기스럽고 무시무시한 그림을 그렸다. 82세로 생을 마감하기까지 다양한 작품을 제작한 고야는 생전에는 물론이거니와 아직까지도 많은 이들에게 사랑 받는 화가로 여겨진다.

터너, 컨스터블 - 19세기 영국의 풍경 화가(낭만주의)

윌리엄 터너는 컨스터블과 함께 19세기 영국의 대표적인 풍경 화가이다. 24세에 왕립아카데미의 준회원이 되었고, 27세에 정회원이 된 어린 천재화가는 20대에 화가로서 최고의 명성을 이루게 된다. 평생 동안 1만 9000점이 넘는 많은 작품을 남겼으며 작품의 주제 또한 다양하다.

터너는 초기에 다수 제작했던 세밀한 풍경화에서 탈피하여 후기에는 빛과 색채가 주는 감동적인 인상이 주가 되는 낭만주의적 경향을 형성하게 된다. 그의 후기 작품에서 가장 특징적인 것은 자연의 숭고함을 강조한다는 것이다. 그가 그린 자연은 격정적

윌리엄 터너Joseph Mallord William Turner, 1775–1851
「칼레항구로 입항하는 어선들Fishing Boats Entering Calais Harbor」
캔버스에 유채, 73.7 x 98.4cm
1803년, 프릭 컬렉션

존 컨스터블John Constable, 1776–1837
「백마The White Horse」
캔버스에 유채, 131.4 x 188.3cm
1819년, 프릭 컬렉션

이다 못해 숭고하고 숭고하다 못해 경외감을 일으킨다. 그 엄청난 자연의 숭고함에 뛰던 심장이 멈춰 설 것만 같은 짜릿함이 느껴지기도 한다.

터너보다 1년 늦게 태어난 컨스터블은 터너와는 좀 다른 행보를 한다. 20대에 명성을 얻은 터너와 달리 작가로서의 승인단계를 천천히 밟아 나가 1829년, 그의 나이 53세에 이르러서야 왕립아카데미의 정회원이 되는 명예를 누리게 된다.

영국에서는 비록 터너의 그림자에 가렸지만, 프랑스의 19세기 화가들에게는 찬사를 받았다고 한다. 겸손하고 솔직한 성격의 소유자였던 컨스터블의 작품은 그가 어린 시절부터 직접 관찰하고 사랑했던 풍경을 고요하고 개인적으로 그린 풍경 화가이다.

천상의 아름다움

메트로폴리탄 미술관
Metropolitan Museum of Art, Met
1000 Fifth Avenue New York, NY 10028
(212) 535-7710
www.metmuseum.org

전 세계 미술학도라면 한번쯤은 꿈꾸어 봤을 미술관, 메트로폴리탄이다. 사식에 이끌리는 쇳가루처럼 불가항력적인 힘에 이끌려 세계의 수많은 재능이 모여 빛을 발하는 곳. 이곳을 설명할 수 있는 나의 최선의 단어 선택은 바로 천상의 아름다움 *Heavenly beauty* 이다.

　신의 권위에 도전하고자 바벨탑을 짓던 어리석은 인간처럼 마치 천상의 아름다움에 감히 도전하는 듯한 메트로폴리탄 미술관의 아름다움에, 그 도전적인 아름다움에 문득 두려워지기도 한다.

이보다 더 아름다울 수가 있을까? 메트로폴리탄의 내부는 어느 각도에서 보아도 한 치의 오차도 없이 아름답다. 미술관의 어느 한 구석도 계획되지 않은 공간은 없다. 거꾸로 보아도 아름다울 것만 같은 이 미술관은 인간세계에서 감히 맛볼 수 있는 천상의 경험이라 칭하고 싶다.

직원전시회, 2010

만약 나의 미술작품이 전 세계의 거장들의 작품과 같은 공간에 전시가 된다면 어떤 기분일까? 인간으로서의 나의 한계를 실감하며 자괴감에 다시는 붓을 잡지 못할 수도, 혹은 그 경이로운 사실에 눈물이 날 것 같기도 하다.

다행스럽게도 거장들의 엄청난 작품과 나란히 전시되는 영광 혹은 불행은 없었지만 전시공간이 잠시 비는 틈을 타서 미술관 직원들에게 자신들의 작품을 걸 수 있게끔 한다 하여 가보았다. 3년 만에 열렸다는 이 직원전시회는 정기적으로 열리는 것은 아니고 그때 그때 운 좋게도 빈 전시공간이 생기면 기획한다고 한다. 인턴 근무를 시작하자마자 열린지라 작품을 올려보지는 못했지만 초대받을 수 있어 기쁜 마음으로 가 보았다.

미술관에 근무한다고 다 같은 급수는 아니다. 메트로폴리탄 미술관 내의 미묘한 계급의식은 직원들이 달고 있는 신분증 색으로 인해 단적으로 드러난다. 정규직과 비정규직, 연구직과 인턴, 후원가와 자원봉사자 등 미술관 내에는 수많은 색깔의 직급이 있고 그 직급들은 천차만별의 성향을 가지고 있다. 그들 중 어떤 직원은 작품선정이나 전시기획에 영향력을 행사하지만, 어떤 직원들은 그저 묵묵히 자리를 지킴으로써 그 영향력을 발휘하기도 한다.

그런데 참 이상하게도 이 전시회에서 만큼은 오히려 보이지 않는 곳에서 묵묵히 자신의 일을 하는 직원들의 굵직굵직한 목소리를 듣게 되었다. 경비부서에 누구 씨, 회계부서에 누구 씨, 행정부서에 누구 씨, 청소부서에 누구 씨 등 평소 말이 없던 그들이 놀랍게도 작품을 통해 자신들을 드러내고 있었다.

역시나 메트로폴리탄은 자석처럼 미술을 사랑하는 사람들을 끌어당기고 있었고, 과장을 좀 보태어 메트로폴리탄의 전 직원은 미술애호가임이 틀림없는 듯 보였다. 아름다운 미술애호가들이 모인 이곳은 세상에서 가장 아름답고 강력한 미술관이다.

이집트미술

갤러리 공간에 시작과 끝이 있는 이유는 큐레이터가 존재하는 이유이다. 전시를 기획하고 작품의 위치를 선정함에 있어 큐레이터의 의도를 배제하기란 어렵다. 물론 큐레이터의 개인적인 기호나 목적이 전제되어 작품을 감상한다는 것이 객관적이지 못한 점도 있지만 그들의 전문성을 한번 믿어 보길 바란다. 천천히 그들의 의도를 되짚으면서 시작하라는 곳에서 시작하고 따라가라는 곳에서 따라가고 쉬라는 곳에서 쉬어 보고, 그리고 끝내라는 곳에서 끝내 보는 것도 전시를 의미 있게 보는 방법 중에 하나이다.

이집트 갤러리를 여는 것은 파라오의 거대한 무덤이었다. 인트로 치고는 꽤 충격적이다. 무덤을 지나면 그 다음은 작고 섬세한 이집트의 물건들이 진열된 공간으로 향하게 된다. 이곳에서는 파라오의 무덤에서 느낄 수 있었던 절대 왕권에 대한 신비로움이나 두려움보다는 이집트인들이 누렸던 일상의 평범함을 경험하게 된다. 그들이 사용했었던 평범한 도구들을 보면 몇 천년 전 사람들이 왠지 친근하게 느껴지기도 한다.

계속해서 갤러리 공간을 따라 쭉 들어가다 보면 갤러리 끝에서 고요히 빛나고 있는 이집트의 여성 파라오 하트셉수트 Hatchepsut, 기원전 1508-1458를 만나게 된다. 이집트 제18왕조 제5대 여왕을 조심스럽게 만나고 나면 마지막으로 덴더사원 Temple of Dendur에 다다르게 된다. 엄청난 공간적 풍요로움과 가슴을 뻥 뚫리게 할 정도의 높이, 그리고 사원을 둘러싼 미술관의 외벽 유리창이 무척이나 인상적이다. 현대와 고대가 조화되어 이질적이면서도 독특한 아름다움을 만들어 낸 듯했다.

이집트미술 갤러리 내부

이집트미술 갤러리 입구

이집트미술 갤러리 입구의 무덤 일부
(Mastaba Tomb of Perneb, 기원전 2381–2323년)

여성 파라오 하트셉수트

덴더사원

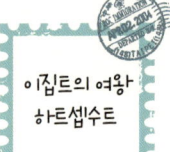

이집트의 여왕 하트셉수트

하트셉수트는 투트모세 2세의 왕비였다. 남편이 죽자 어린 조카 투트모세 3세를 대신해서 섭정을 펼쳤다. 그녀는 다이르 알바리에 석회석으로 장제전을 세웠고 그곳에서 200여 개의 하트셉수트 조각상이 발견되었다. 그중 하나가 메트로폴리탄 미술관에 소장되어 있다.

장제전에서 발견된 그녀의 조각상들은 왕으로서의 그녀의 지위 상승을 반영하여 특이하게도 점차적으로 여성적 특성을 잃어가는 모습들이라 한다. 수염이 있는 왕의 모습이라던지, 그녀의 계승자인 투트모세 3세의 상과 크게 차이가 없어 보이는 남성적인 모습의 파라오 상과 같은 것들이 그 예이다. 하지만 메트로폴리탄의 하트셉수트는 다소 여성적인 특징이 많이 보인다. 이 조각상은 투트모세 3세에 의해 제작되었는데 그녀의 절대 권력이 무너져감을 보여주는, 혹은 그렇게 의도된 작품이라고 논의되어진다.

「하트셉수트의 좌상 Seated Statue of Hatshepsut」
테베 서부의 다이르 알바리에 있는 그녀의 장제전
석회석, 높이 196cm
기원전 1460년경, 메트로폴리탄 미술관

그리스, 로마미술

그리스와 로마미술 갤러리는 빛의 공간이다. 갤러리 입구를 기준으로 왼쪽 벽은 전면이 거의 유리창이다. 밖이 훤히 보이는 유리창을 통해 뉴욕의 고층빌딩이 보이고 창문 사이사이로 스며드는 햇살은 이 공간을 빛나게 한다. 현대 뉴욕을 배경으로 한 고대미술품이라. 절묘한 연출이었다. 강력한 생명력과 힘이 느껴지는 뉴욕의 햇살은 고대 신들의 영광을 재현하는 듯했다.

미술관 건물의 공간적 특성을 잘 살려 자연조명을 십분 이용한 그리스와 로마미술 갤러리는 자연이 만들어내는 빛과 그림자의 이야기를 들려주었다. 빛나는 영광 속의 신의 당당함, 일그러져 가는 영웅의 고개 숙임을 보고 있노라면 마치 그들과 동시대에 머무르는 것 같은 착각에 빠지기도 한다. 천장으로부터 스며드는 햇살과 미묘한 인공조명의 사용은 신비스러우면서도 힘찬 분위기를 연출하였다.

현대 뉴욕의 빛과 고대 미술품의 절묘한 조화

그리스와 로마미술 갤러리 일부

그리스와 로마미술 갤러리로 향하는 통로

그리스와 로마미술 갤러리 일부

그리스의
쿠로스

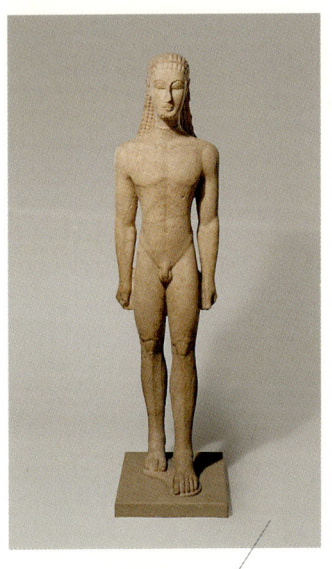

그리스의 남성 나체 입상인 쿠로스는 그리스어로 '청년'이라는 뜻이다. 기원전 6세기에 이미 널리 유포된 쿠로스는 거대한 규모의 추상적인 이집트 조각과는 달리 보다 자연스러운 인체 비례와 규모를 지니는 쪽으로 발전해갔다. 이집트 조각상이 돌에서 깨어나지 못했다라고 표현한다면 그리스의 조각상들은 돌에서 완벽히 분리되어 세상으로 걸어 나오는 듯하다. 한 발자국 내디딘 왼발과 굳게 쥔 두 주먹과 부릅뜬 눈, 그리고 인체를 사실적으로 표현하려는 시도가 보인다.

「쿠로스Marble statue of a kouros」
아티카 지방, 대리석, 높이 1.84m
기원전 600년경, 메트로폴리탄 미술관

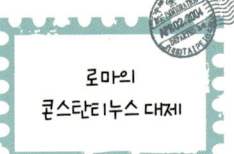
로마의
콘스탄티누스 대제

로마의 황제 콘스탄티누스 1세재위 306-337년는 서기 306년 아버지의 뒤를 이어서 서로마 황제에 추대되었다. 그러나 이에 불복하고 황제의 자리를 노리는 6명의 장군이 있었는데, 그중에서 최종적인 패권 다툼은 막센티우스Maxentius로 좁혀졌고 312년 밀비아 다리Milvian Bridge 전투에서 콘스탄티누스는 막센티우스를 격파한다. 군사적으로 막센티우스를 이길 수 없는 상황에서 이룬 기적적인 승리를 예수님의 도움이라 믿어 로마 입성 후, 콘스탄티누스 1세는 313년 밀라노 칙령을 공포하여 기독교를 공인하였다.

「콘스탄티누스의 두상Marble portrait head of the Emperor Constantine」
대리석, 높이 95.3cm
서기 325년경, 메트로폴리탄 미술관

메트로폴리탄 미술관에 전시되어 있는 「콘스탄티누스의 두상」은 좌우가 대칭된 정면상으로 전체적으로 경직되어 있고 허공을 응시하는 눈이 인상적이다. 허공을 바라본다는 것은 추상공간을 응시하는 것이고, 곧 황제의 존재가 추상, 즉 신성하고 영원하다는 것을 의미한다.

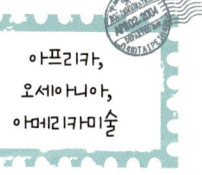
아프리카, 오세아니아, 아메리카미술

자연적인 빛을 십분 이용하면서 고대 그리스와 로마의 영광을 닮으려 했던 그리스와 로마미술 갤러리와는 달리 이곳은 의도적으로 모든 자연조명을 차단했다. 자연조명을 차단하고 아주 낮은 레벨의 은은하지만 약간은 칙칙한 인공조명으로 어둡고 숨겨진 원시세계의 기분을 살린 듯했다. 무시무시하고 괴기스럽게 생긴 아프리카 마스크들을 보고 있노라니 신비스런 낯선 세계에 와 있는 것 같았다.

원시미술 갤러리 내부

원시미술 갤러리 다음으로 이어지는 곳은 바로 모던미술 Modern Art 갤러리이다. 모던미술로 유명한 뉴욕의 모마 탓도 있겠지만 미술관의 가장 안쪽에 위치한 탓에 메트(메트로폴리탄을 줄여 보통 메트 Met 라고 부른다)에 여러 번 왔지만 모던미술 갤러리를 무심코 지나쳐 버린 적이 많다. 그런데 이게 웬일? 작정을 하고 들어가 보니 그 소장품의 양에 정말 입이 다물어지지 않았다. 역시 메트로폴리탄이구나 탄성이 절로 나왔다.

내가 생각해낼 수 있는 모던예술의 거장 모두가 보란 듯이 자태를 뽐내고 있었다. 모딜리아니, 베크만, 에밀 버나드 Emile Bernard, 1868-1941, 마르크 샤갈 Marc Chagall, 1887-1985, 생 수틴 Chaim Soutine, 1894-1943, 장 뒤뷔페 Jean Dubuffet, 1901-1985, 알베르토 자코메티 Alberto Giacometti, 1901-1966, 살바도르 달리 Salvador Dali, 1904-1989 등 정말 셀 수가 없었다. 지친 다리도 잊고 정신없이 그 높은 질과 양의 홍수 속에서 즐거운 비명을 질러댔다.

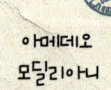

모딜리아니의 작품은 독특하고 특징적이다. 긴 얼굴과 목, 그리고 눈동자가 없는 눈을 가진 인물은 모딜리아니 초상의 특징이다. 눈동자가 없는데다 목이나 팔다리가 늘어져 이상한 비례를 지닌 작품 속 인물들은 낯설기도 하고 신비롭기도 하다. 인물의 얼굴은 마치 아프리카의 가면과 같이 평면적이고 눈이나 코가 휘어진 경우가 많다. 무게감 있는 색감과 변형된 얼굴은 피카소를 떠올리게 하고 윤곽선과 균일하게 칠해진 색채에서는 세잔의 영향이 보이는 듯하다.

화가이자 동시에 조각가였던 모딜리아니는 고대 이집트와 그리스, 이탈리아 르네상스, 그리고 아프리카 원시미술에서 영감을 받았고 또한 근대의 여러 미술사조를 흡수해서 자신만의 독특한 양식을 만들었다.

　모딜리아니는 건강이 좋지 못해 35살의 젊은 나이에 결핵으로 생을 마감했다. 그는 평생 약 420점의 회화와 31점의 조각을 제작했고 그중 그가 1915년부터 1919년까지 파리에서 작업한 작품들이 가장 잘 알려져 있다. 모딜리아니는 1916년부터 누워있는 누드 연작을 제작하기 시작했는데, 특이하게도 다른 작가들과는 달리 작가의 주변인물을 그린 것이 아니라 전문적인 모델을 그린 것이라고 한다.

　작품 속 모델들의 신체는 아름답게 표현되어 있고 손이나 다리 등은 캔버스 프레임 밖으로 배치시켜 독특한 구도를 만들어냈다. 메트로폴리탄의 「누워있는 누드」는 모딜리아니의 유명한 누드 연작 중 한 작품으로 물 흐르듯 매끄러운 윤곽선이 돋보이는 아름다운 작품이다.

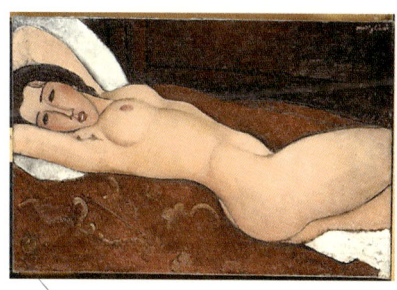

아메데오 모딜리아니 Amedeo Modigliani, 1884-1920
「누워있는 누드 Reclining Nude」
캔버스에 유채, 60.6 x 92.7cm
1917년, 메트로폴리탄 미술관

막스
베크만

　베크만은 20세기 독일 미술의 대표 화가 중 한 명이다. 그의 초기작에는 인상주의의 영향이 나타나기도 했지만, 제1차 세계 대전 이후 그의 작품양식은 급격히 변화했고 전쟁의 공포나 불안, 야만성 등을 표현한 이미지들이 등장했다.

　베크만은 특히 생애 말년 20년 동안, 그의 작품 중 가장 대표적인 작품인 3면화 9점을 제작한다. 메트로폴리탄의 「시작」은 베크만의 자서전적 작품으로 어린 시절 꿈을 주제로 하고 있다. 중앙 패널에는 군복

막스 베크만 Max Beckmann, 1884-1950
「시작 Beginning」, 캔버스에 유채
중앙 패널 181.6 x 156.2cm, 양쪽 패널 각각 171.5 x 91.4cm
1949년, 메트로폴리탄 미술관

을 입고 칼을 든 소년이 말을 타고 있다. 소년의 소리에 잠이 깬 소년의 부모가 사다리를 타고 방을 살피러 올라오고 오른쪽 아래에는 붉은 머리의 여인과 신문을 읽고 있는 할머니의 모습이 보인다. 양쪽 패널 역시 작가의 어린 시절의 기억들로 왼쪽 패널에는 풍금 연주가의 모습, 오른쪽 패널은 교실의 모습이다.

독일의 중세미술과 삼면화에 대해 잘 알고 있었던 베크만은 이 외에도 여러 종류의 삼면화를 그렸는데 뉴욕현대 미술관에 소장된 「출발」은 나치스가 독일사회에 가했던 만행과 굴욕을 암시하는 듯한 장면들로 구성되어 있다.

막스 베크만
「출발Departure」, 캔버스에 유채
중앙 패널 215.3 x 115.2cm, 양쪽 패널 각각 215.3 x 99.7cm
1932-1933년, 뉴욕현대 미술관

중세예술품에서는 뭔지 모를 오래된 시간의 향기가 느껴지는 것 같다. 중세 미술 갤러리에 들어서면 나는 이상스럽게도 킁킁대며 냄새를 맡는다. 작품에서 냄새가 날리 만무하고 아마도 엄숙한 시간의 향기랄까. 아무튼 냄새를 맡을 수만 있다면 맡고 싶을 정도로 중세예술품은 나에게 호기심을 자극한다. 침묵적이고 신성한 종교적 감성이 갤러리 전반에서 느껴져 숙연해지면서도 과거 숨겨진 세계를 엿보는 것 같아 흥분되기도 한다.

중세미술

중세미술 갤러리 내부

갤러리 일부

　중세 갤러리 한 켠에 중세 기사들이 사용했던 무기와 갑옷을 전시한 갤러리가 있다. 19세기 초부터 20세기 중반까지 이 갤러리에서는 복원작업이 이루어졌는데 미술관 컬렉션에 소장된 여러 갑옷의 조각조각을 끼워 맞추거나, 혹은 분실된 부분을 주문 제작하여 하나의 작품으로 완성시켜 놓았다고 한다.

　갤러리 초대 큐레이터인 바시포드 딘 Bashford Dean 은 갑옷의 조각들을 끼워 맞추고, 변형하고, 필요하면 일부 제작을 해서라도 전시가 가능한 하나의 작품으로 탄생시키는 작업이 꼭 필요하다고 생각했고, 그의 공헌으로 메트로폴리탄에서 우리는 완성된 중세 기사들을 만날 수 있다. 미술관의 작업으로 완성된 갑옷 조각에는 제작이 완성된 날짜와 서명이 표기되어 있다고 하니, 중세의 제조품과 20세기의 미술품의 절묘한 만남이 아닐 수 없다.

중세의 기사들

　중세 기사도 하면 십자군 전쟁이 떠오른다. 십자군 전쟁은 11세기 말에서 13세기 말 사이에 서유럽의 그리스도교도들이 성지 팔레스티나와 성도 예루살렘을 이슬람교도들로부터 탈환하기 위해 감행한 대 원정으로 이 원정에 참여한 기사를 십자군이라 한다.

기사들은 신에 대한 믿음과 정의를 위해 싸운다는 신념 아래 목숨이 끊어질 때까지 싸웠고 명예, 충성, 절제, 질서와 같은 덕목 아래 그들의 개인적인 삶을 신에게 그리고 그들의 왕에게 내어놓았다. 기사에게 무기와 갑옷은 목숨을 지켜주는 장비였고 이를 구입하는 데 많은 돈을 지출했다. 기사가 입는 갑옷의 무게는 평균 30킬로그램에 육박했다고 하며 15세기와 16세기에는 말을 위한 갑옷도 있었다고 한다. 무거운 갑옷을 입고 절제된 생활을 하며 신을 위해 살아간 기사들의 명예로운 삶을 생각해본다.

중세 갤러리까지 보았다면 미술관 1층 갤러리는 거의 다 보았다. 다리도 아프고 배도 고프다면 가볼 만한 적당한 곳이 있다. 모던미술 갤러리 오른쪽에 위치한 유럽식 조각 코트 European Sculpture Court이다. 원래는 야외 공간이었는데 리노베이션을 통해 건물과 건물을 이어 이제는 실내로 이용되고 있다. 하지만 유리로 건물을 이어 바깥 햇살을 충분히 느낄 수 있는 곳이

유럽식 조각 코트

루프 가든에서 나와 동생들 | Big Bambú를 배경으로 한 컷 찰칵!

다. 비가 오면 빗소리도 들을 수 있어 좋다. 마치 베르사이유 궁전 어느 조각코트에 와 있는 듯한 기분이 드는 이곳에 약간은 비싸지만 클래식한 식사를 즐길 수 있는 카페 Petrie Court Café가 있다. 별도의 예약은 필요 없고 식사시간에 맞추어 가기만 하면 도착 순서대로 테이블로 안내해준다.

이제 식사도 했고 잠시 바람을 쐬고 싶다면 센트럴 파크를 내려다 볼 수 있는 야외 정원이 당신을 기다리고 있다. 루프 가든 Roof Garden이라 불리는 이곳은 모던미술 갤러리와 유럽식 조각코트 중간 통로에 위치한 엘리베이터를 타고 4층에 내려, 한 층을 계단으로 걸어 올라가면 된다. 간단한 음료와 베이커리 등을 판매하는 익스프레스 바 Express bar도 있어 간식을 즐길 수 있다.

한여름
루프 가든에서의
뜨거운 투어

내가 메트에 근무할 당시에는 스턴 형제 Stern Brothers 의 대나무 작품이 이곳에서 전시되었다. 맨해튼이 한눈에 내려다보이는 옥상에 설치된 이 작품은 높이와 너비가 상당했고 관람객이 그 안을 걸으면서 체험하도록 하여 인기가 좋았다.

메트에서 근무하는 동안 대부분의 시간을 난 이곳에서 보냈다. 마침 여름이었던 지라 루프 가든에 내리쬐는 태양이 무척이나 뜨겁게 느껴졌다. 하지만 여름태양의 열기가 무색할 정도로 나 역시 열기(?) 왕성했다.

사진출처: Met 공식홈페이지

메트에서 처음 맡게 된 일은 이곳에서 열린 스턴 형제 Mike and Doug Starn, 1961- 의 〈Big Bambú bamboo, 대나무를 뜻하는 사전식 영어와 다르게 전시 이름을 썼다〉 전시 투어를 리드하는 것이었다. 이 전시야말로 루프 가든에서 이제껏 열린 조각전 중에서 가장 멋진 전시가 아니었나 생각한다.

가로 50피트, 세로 100피트의 거대한 크기의 이 대나무 작품은 비록 기획은 형제 미술가에 의해 이루어졌지만, 진행은 다양한 사람들에 의해서 이루어졌다. 미술관 꼭대기에 높이 100피트의 거대 대나무 조각을 설치하고 게다가 그 사이사이에 길 Pathway 을 내어 관람객들이 지나다니게 한다는 이들의 기획은 단지 아이디어만으로 되는 일은 아니었다.

뉴욕의 각종 설계 전문가들과 소방서 등에서 안전도를 심층적으로 테스트하고 뉴욕시의 허가를 받은 끝에 착수를 하게 되었다. 그런데 대나무를 엮는 작업을 하는 사람들은 다름 아닌 암벽 등반가 Rock Climber 들이었다. 미술가가 아닌 일반 암벽 등반가들이 대나무와 대나무를 묶어나가는 일련의 과정을 통해 작품을 완성시켰다.

마치 도심 속에서 대나무 산을 타는 듯한 짜릿한 경험에 전시투어에 참여하고자 하는 방문객들이 줄을 이었고, 뉴욕의 고층 빌딩 숲과 센트럴 파크의 녹음을 그것도 대나무 조각 위에서 보는 경험은 대단한 성황을 이루었다. 나 역시 미술관을 방문하는 방문객들이 어떻게 작품과 소통하는지 현장에서 느낄 수 있어 가슴 벅찬 경험으로 기억한다.

Roof Garden Episode 1 이 전시 중 재미있었던 에피소드는 대나무 피스가 원래 계획된 크기로 거의 만들어져 갈 무렵 센트럴 파크의 새들이 날아와 대나무 피스 위 군데군데 둥지를 틀었던 해프닝이었다. 작품 기획 단계에서는 생각도 못한 일이 일어난 것이다. 미술과 사람 그리고 자연이 하나가 되는 멋진 순간이었다.

Roof Garden Episode 2 여름의 루프 가든은 젊은 뉴요커 사이에서는 만남의 장소로 통하기도 한다. 6월, 7월, 8월의 네 번째 금요일은 'Young Members Friday'라고 하여 젊은(?) 멤버들이 초대받는다. 해가 질 무렵이면 대나무 조각에는 등이 달리기 시작했고, 로맨틱한 도시의 밤을 즐기기 위해 한껏 치장한 젊은 처녀, 총각들은 삼삼오오 메트로 향했다.

> 무료 칵테일 쿠폰을 멤버십 데스크에서 받을 수 있다.

유럽회화 갤러리는 메트로폴리탄 미술관의 심장과도 같은 존재이다. 그 위풍당당한 이미지가 다른 갤러리와는 확연히 다르다. 로비 정중앙을 시작으로 2층까지 이어지는 층계를 올라가노라면 갤러리에 대한 기대감이 한층 고조된다.

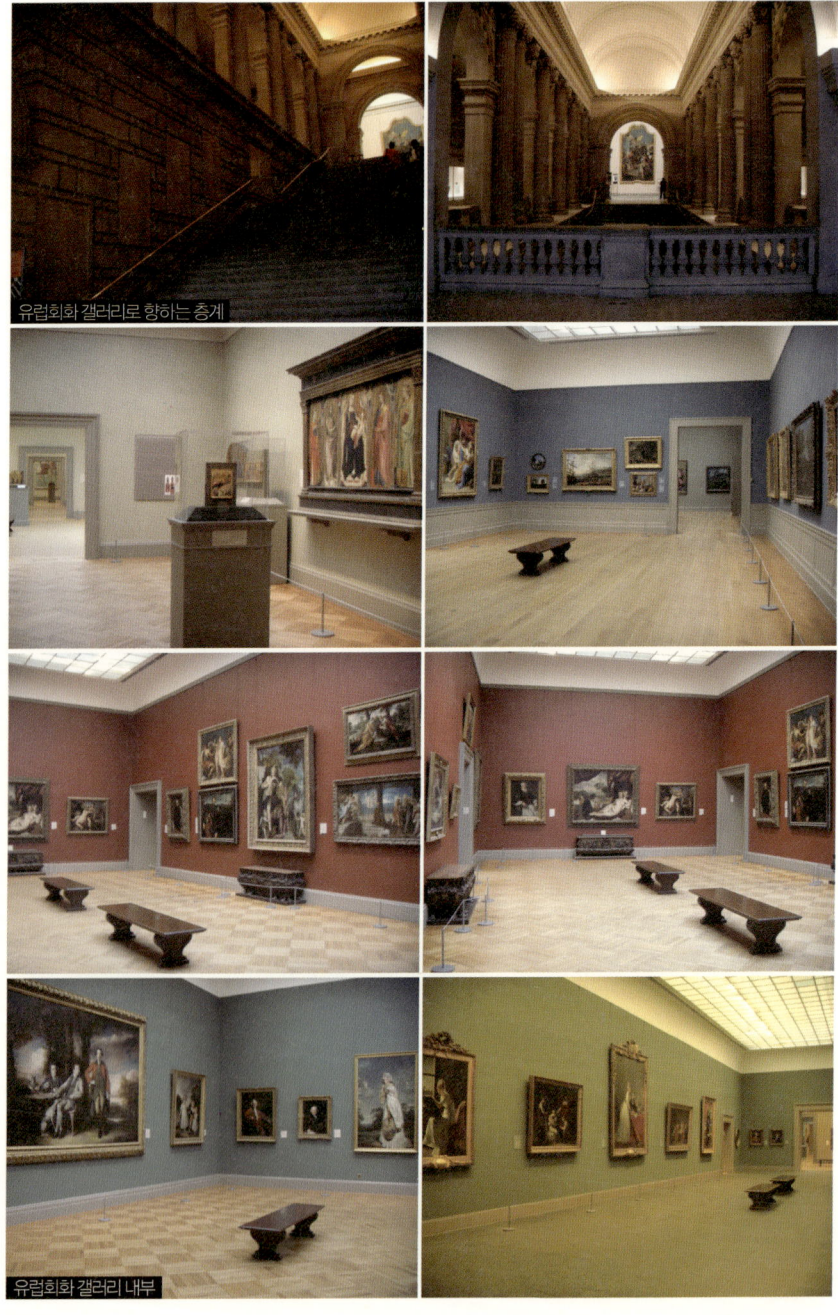

유럽회화 갤러리로 향하는 층계

유럽회화 갤러리 내부

이 층계와 층계를 에워싼 대리석의 기둥들은 물리적으로도 그 크기가 대단하지만 미적으로도 그 아름다움의 깊이가 대단하다. 층계를 다 올라가면 잠시 멈춰 서서 마음의 준비를 해야 한다. 유럽회화들의 다채롭고 화사한 색의 향연을 즐기기에 당신의 눈은 아직 일상적이기 때문이다. 마음과 눈에게 각오를 다시 하고 갤러리에 들어서본다.

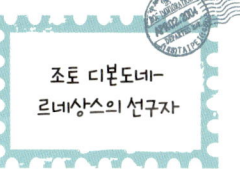
조토 디 본도네-
르네상스의 선구자

유럽회화 역사상 가장 중요한 미술가를 뽑자면, 단연코 조토를 이야기한다. 그는 유럽회화의 꽃이자 절정기로 불리는 르네상스의 선구자로 앞서 프릭 컬렉션에서 만난 치마부에가 바로 조토의 스승이다. 치마부에와 마찬가지로 조토는 이전 양식인 비잔틴의 경직된 회화전통과 달리 인간적이고 자연스러운 방식으로 작품을 그렸고 배경과 인물을 사실적으로 묘사했다.

「예수 공현」에서 조토는 작품 상단에 천사들이 아기예수의 탄생을 목동들에게 알리고 있는 장면을, 중·하단에는 세 명의 동방박사가 베들레헴 마구간에 도착한 장면을 담았다. 왕관을 내려놓은 동방박사는 아기 예수를 안아 올리고 있고 마리아는 이를 연민이 가득한 표정으로 내려다보고 있다. 마치 아버지가 갓 태어난 아기를 안아 올리는 듯한 동방박사의 제스처와 이를 바라보는 어머니의 표정은 조토가 성서 속의 경건한 사건을 인간적인 시선으로 그려내었음을 느끼게 해준다.

조토 디 본도네|Giotto di Bondone, 1266?-1337
「예수 공현The Adoration of the Magi」
나무에 템페라, 45.1 x 43.8cm
1320년경, 메트로폴리탄 미술관

프라 필리포 리피 Fra Filippo Lippi, 1406-1469
「창 앞에 있는 남자와 여자의 초상
Portrait of a Woman with a Man at a Casement」
나무에 템페라, 64.1 x 41.9cm
1440년, 메트로폴리탄 미술관

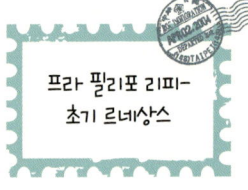

프라 필리포 리피-
초기 르네상스

리피는 이탈리아 피렌체의 화가로 다른 초기 르네상스 화가들과 마찬가지로 원근법을 그의 작품에 사용했다. 품위 있고 단순화된 얼굴표현과 세심하면서도 화려한 기교로 보석이나 의복 등을 그려내는 리피의 기법은 당시 후원가들에게 인기를 끌었다.

이 작품은 옆모습 초상에 탁월했던 리피가 그린 최초의 이탈리아 이중 초상화다. 정교한 풍경을 배경으로 둔 여성과 그녀 반대편 창문을 통해 이쪽을 들여다보는 남성의 모습이 보인다. 이 남성은 로렌초 디라니아리 스콜라리 Lorenzo di Ranieri Scolari 이고 여성은 그와 갓 결혼한 부인 안졸라 디베르나르도 사피티 Angiola di Bernardo Sapiti 이다. 그들의 결혼을 기념하여 제작된 작품으로 당시 사회의 모습을 정교하게 담고 있다. 리피는 초상화 이외에도 새로운 형태의 성모자를 그린 것으로도 유명하다. 리피의 부드럽고 모성적인 성모 그림은 후에 그의 제자였던 보티첼리에게 영향을 주었다.

> 레오나르도 다빈치,
> 미켈란젤로, 티치아노-
> 르네상스 절정기,
> 천재들의 시대

르네상스 시대는 천재들의 시대였다. 레오나르도 다빈치, 미켈란젤로, 티치아노와 같은 천재화가들이 쏟아져 나왔던 시대이니 말이다. 르네상스 절정기를 꽃피웠던 이들의 작품을 감상하며 우리는 그저 감탄밖에 할 수가 없다. 신의 영역에 도전하는 그들 작품 속 세계를 보며 속세의 하찮은 인간이 과연 무슨 말을 할 수 있을까. 그래서 난 르네상스 미술을 경외하지만 사랑하지는 않는다. 단 한 치의 오차도 없이 극도로 아름다운 그들의 작품은 감히 인간인 내가 사랑하기에는 너무 완벽하다.

레오나르도 다빈치 이 드로잉 작품은 파리, 루브르 미술관에 소장된 레오나르도 다빈치의 「성 안나와 함께한 성모자」와 직접적으로 연관이 되었을 것이라고 추정되는 작품이다. 드로잉 작품 속 성모의 머리 크기가 정확하게 루브르의 「성 안나와 함께한 성모자」의 성모 머리 크기와 일치한다고 한다.

레오나르도 다빈치|Leonardo da Vinci, 1452-1519
「성안나와 함께한 성모자를 위한 마리아의 얼굴 습작
The Head of the Virgin in Three-Quarter View Facing Right」
종이에 목탄, 검정과 붉은색 초크, 20.3 x 15.6cm
1508-1512년, 메트로폴리탄 미술관

레오나르도 다빈치
「성 안나와 함께한 성모자
The Virgin and Child with Saint Anne」
나무에 유채, 168 x 112cm
1508년, 루브르 미술관, 파리

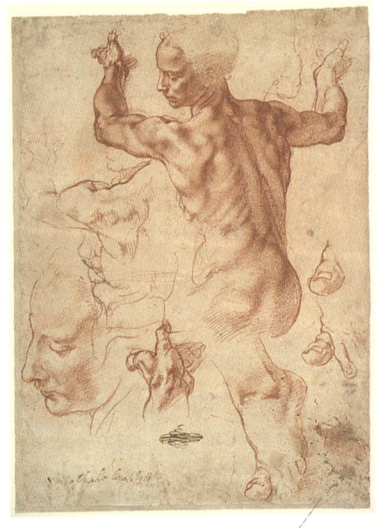

미켈란젤로
「리비아의 예언녀Libyan Sibyl」
시스티나 성당 천장 벽화, 395 × 380cm
1511년, 바티칸 궁전, 로마

미켈란젤로Michelangelo Bounarroti, 1475-1564
「리비아의 예언녀를 위한 습작Studies for Libyan Sibyl」
종이에 붉은색 초크, 28.9 × 21.4cm
1510-1511년, 메트로폴리탄 미술관

미켈란젤로 이 드로잉 작품은 미켈란젤로가 시스티나 성당에 그린 전설적인 천장 벽화 중 「리비아의 예언녀」를 위한 습작으로 알려져 있다. 미켈란젤로는 교황 율리우스 2세로부터 시스티나 성당 천장을 장식할 그림을 그리라는 명을 받고 작업에 착수했고, 유명한 「천지창조」를 비롯한 「빛의 창조」, 「아담의 창조」 등의 전설적인 프레스코화를 그렸다.

티치아노Tiziano Vecellion, 1490-1576
「성모자상Madonna and Child」
나무에 유채, 45.7 × 55.9cm
1510년, 메트로폴리탄 미술관

티치아노 미켈란젤로가 피렌체 르네상스를 이끌고 있었다면 티치아노는 베네치아 르네상스를 이끈 대가였다. 피렌체 화가들이 소묘에서 최고의 솜씨를 보이는 반면, 베네치아 화가들은 색채에 더 중점을 두었고 티치아노 역시 색채의 거장으로 알려져 있다.

이 두 거장은 일생 동안 딱 한번 만났는데 이때 미켈란젤로는 티치아노의 그림에 대해 색채의 적용이 인상적이라고 칭찬하면서도 "베네치아에서는 사람들이 처음부터 제대로 소묘하는 법을 배우지 않는 것이 애석하다"라고 말했다 한다. 이후 이들이 만나는 일은 두 번 다시 없었다.

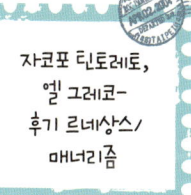
자코포 틴토레토, 엘 그레코 - 후기 르네상스/매너리즘

르네상스 절정기를 지나 르네상스 미술에서 바로크 미술로 이행하는 사이에 이탈리아에서 나타났던 과도기적인 미술 양식을 매너리즘이라고 한다. 종종 르네상스 고전주의에 대한 반동으로도 일컬어지는 이 사조는 왜곡되고 늘어진 형상, 불명확한 구도, 과장적인 표현 등이 특징이다.

완벽한 인체비례와 구도, 색채를 자랑하는 르네상스와는 대조적으로 인체비례는 비대칭적이고 구도 또한 불안하다. 아름다움을 완벽하게 재현하기보다는 작가의 상상력과 독창성에 중심을 두었고 르네상스의 완벽미를 넘어서는 놀라움과 새로움을 추구해야 했기에 과장되고 기괴한 작품이 나오기도 했다.

베네치아 매너리즘의 대가 틴토레토 역시 「빵과 물고기의 기적」에서 과장된 수평구도를 선택했다. 주요사건에 집중되는 대칭구도가 아닌 불안정하고 독특한 수평구조, 그리고 그 속에서 비정상적으로 신체가 늘어진 인물이 자세를 뒤틀거나 움직이면서 살아 움직이는 에너지를 표현하고 있다.

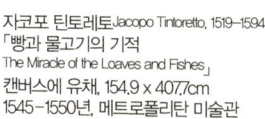
자코포 틴토레토 Jacopo Tintoretto, 1519-1594
「빵과 물고기의 기적」
The Miracle of the Loaves and Fishes
캔버스에 유채, 154.9 x 407.7cm
1545-1550년, 메트로폴리탄 미술관

엘 그레코El Greco(Domenikos Theotokopoulos), 1541-1614
「주교의 초상Portrait of a Cardinal, Probably Cardinal Don Fernando Niño de Guevara (1541-1609)」
캔버스에 유채, 170.8 x 108cm
1609년, 메트로폴리탄 미술관

  엘 그레코의 본명은 도메니코스 테오토풀로스이다. 엘 그레코는 '그리스인'이라는 뜻으로 크레타 섬에서 온 그의 출신을 나타내는 별명이다. 엘 그레코도 매너리즘적 화풍을 구사했는데 생전에 그의 놀라운 화풍으로 독창성을 인정받기는 했으나 괴기스러운 인물 표현방법이나 색채감각은 그 시대 사람들에게 적지 않은 충격을 주었다. 심지어 그를 미친 사람 또는 심각한 시각 장애자로까지 여겼다고 하니, 그 충격이 어땠는지 짐작해 볼 수 있다.
  르네상스 시대의 작가였음에도 불구하고 엘 그레코의 작품은 많은 근대 화가들에게 영향을 주었다. 특히 모더니즘의 대표작 중 하나인 피카소의 「아비뇽의 처녀들」_{뉴욕현대미술관}은 엘 그레코의 「성 요한의 계시」에서 큰 영감을 받은 것으로 알려져 있다.

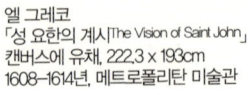

엘 그레코
「성 요한의 계시The Vision of Saint John」
캔버스에 유채, 222.3 x 193cm
1608-1614년, 메트로폴리탄 미술관

음악관

음악관은 다소 인기도 없고, 위치도 가장 안쪽이라 방문객이 많지가 않아 대체로 조용하다. 이곳은 미술관이 개관한 날에도 방문객의 발길이 뜸해 조용하지만, 개관하지 않은 날에는 인적이 정말 드물다. 메트로폴리탄은 매주 월요일 휴관한다. 하지만 직원들은 출근하기 때문에 사실 월요일은 직원에게는 천국과도 같은 날이다. 이 엄청난 작품들을 인파에 시달리지 않고 마음껏 구경할 수 있기 때문이다. 뉴욕에서, 그리고 그것도 메트로폴리탄 미술관에서 홀로 여유롭게 작품을 감상할 기회는 그리 흔하지 않기에 난 월요일을 어김없이 활용했다.

음악관에는 16세기 르네상스 시대의 악기를 시작으로, 금으로 만들어진 피아노, 바이올린, 플루트 등의 궁정 악기들이 고급스럽게 진열되어 있었다. 푹신한 카펫과 클래식하고 고풍스러운 전시관의 인테리어는 나를 16세기 유럽의 어느 한 궁정으로 순간이동시켜 주었다.

그런데 갑자기 전시관 안쪽에서 바이올린 소리가 들려왔다. 설마 설마 귀를 의심하면서 조심스레 발걸음을 옮겨보았다. 그런데 정말 누군가가 바이올린을 켜고 있었다. 그것도 합주로. 한동안 멍하니 지켜보다가 정신을 차려보니 그 사람들은 전시된 악기를 보존하기 위해 정기적으로 연주를 하는 전문가들이었다. 비록 그들에게는 나의 존재가 업무를 방해하는 불청객이었겠지만 개인적으로는 흠뻑 행복한 순간이었다.

음악관 내부

천상의 색과
절대적 고귀함이 있는 곳

노이에 갤러리
Neue Galerie

1048 5th Avenue New York, NY 10028
(212) 628-6200
www.neuegalerie.org

맨해튼의 어느 무더운 여름이었다. 찌는 듯한 더위에 어디든 들어가야겠다 싶어 둘러보다 한 허름한 서점을 발견했다. 서둘러 들어간 이 서점은 생각보다 에어컨 바람도 시원하지 않았고 서점에 흔히 있는 카페도 보이지가 않았다. 시원하게 아이스커피 한잔 하려던 차였는데. 좀 실망스러웠지만 하는 수 없다 싶어 2층 미술 서적 코너에서 책 몇 권을 뽑아 들고 구석 한 켠에 주저앉았다.

'카페도 없는 서점에 뭐 좋은 책이 있겠어?'라는 말도 안 되는 심보를 가지고 책을 열었다. 엥? 그런데 이게 웬일. 내 심보를 비웃기라도 하듯 책 속에서 괴기스럽지만 신비스럽고, 아름답지만 형언할 수 없는 형상들이 쏟아져 나와 버렸다. 그들은 구스타프 클림트와 에곤 실레의 형상들이었다.

클림트에 대한 첫 인상은 그야말로 그랜디오스 grandiose였다. 거대했다. 현실세계에서는 존재하지 않을 듯한 우월한 색감과 절대적인 고귀함이 어우러진 거대함. 신의 모습도 그렇다고 철저히 인간의 모습도 아닌 그의 작품 속 형상들은 그야말로 천상의 아름다움을 가지고 있었다. 클림트를 처음 만난 충격에 난 숨도 고르질 못하고 한동안 앉아 있었다. 겨우 마음을 진정시키고 주섬주섬 그의 이름을 노트에 적었다. 내겐 둘도 없는 보물이었다.

노이에 갤러리 외관

노이에 갤러리 정문과 2층으로 향하는 나선형 계단

손에 들린 다른 책을 펼쳤다. 그리고는 운명처럼 실레를 만났다. 찢어질 듯한 처량함이 느껴졌다. 작품 속 인물의 자세는 슬프고도 처량했다. 색감은 솔직하고 정직했다. 뭔지 모를 슬픔과 처량함 그리고 아픔. 이 허름한 서점 구석에서 이런 보물을 발견하다니 감사했다. 그렇게 시간이 가고 어느 날 그들을 노이에 갤러리에서 다시 만나게 되었다.

노이에 갤러리 일부

노이에 갤러리 Neue Galerie 는 독일어로 '새로운 갤러리'라는 뜻이라고 한다. 그 이름처럼 5번가의 뮤지엄 마일에 2001년 새롭게 등장했다. 컬렉션은 두 섹션으로 분류가 되는데, 갤러리 2층은 주로 20세기 초 오스트리아 페인팅과 장식품 등이 전시된다. 클림트와 실레가 대표적인 작가이다. 그리고 3층은 독일작품으로 바실리 칸딘스키, 파울 클레 Paul Klee, 1879-1940, 에른스트 루드비히 키르히너 Ernst Ludwig Kirchner, 1880-1938 등이 대표 작가이다.

사바스키 카페

노이에 갤러리는 현실과 천상을 잇는 듯한 클림트의 작품처럼, 정말 현실과 상상의 세계 그 중심에 있다. 아름다운 갤러리 정문을 통과해 물결처럼 부드럽게 뻗은 나선형 계단을 올라가면 상상 속에서나 존재할 법한 아름다움이 눈앞에 펼쳐진다. 서로의 스타일은 확연히 다르지만 인간의 가장 고귀한 본성을 솔직한 에로티시즘 eroticism 으로 작품화한 클림트와 실레, 그들과의 로맨틱하고 달콤한 만남은 오래도록 기억에 남았다.

노이에 갤러리는 친한 두 친구가 서로 마음을 합해 설립했는데 미술딜러이자 미술관 전시기획자였던 세르제 사바스키 Serge Sabarsky 와 미술컬렉터이자 사업가였던 로날드 라우더 Ronald S. Lauder 가 바로 그들이다.

갤러리 내에는 사바스키의 이름을 딴 '까페 사바스키 Café Sabarsky'가 있다. 비엔나 풍의 이 카페는 각종 음악회와 모임에 이용되며 고급스러운 실내 디자인과 좋은 커피로 많은 뉴요커들에게 사랑 받는 곳이다. 갤러리 입장권을 구매하지 않아도 카페를 이용할 수 있어 좋다.

클림트는 1900년에서 1918년까지 오스트리아 빈의 미술계를 지배했다. 클림트의 작품은 유럽의 아방가르드 운동, 일본 미술, 비잔틴 프레스코 그리고 이탈리아 라벤나의 교회에서 본 모자이크 등에서 영향을 받았다고 한다. 이런 다양한 요소를 그의 양식에 섞어 시각적인 화려함이 어우러진 에로티시즘을 그려내었다. 특히 구불거리는 선과 유기적인 형태가 강조된 그의 작품은 전형적인 아르누보 양식의 특징이다.

클림트의 작품은 평생토록 찬반 논란이 무성했다. 절대적 아름다움으로 사랑을 받은 반면 에로틱한 그림의 내용은 당시로써는 매우 충격적이었기 때문이다. 성욕을 삶의 결정적인 요소로 중요하게 생각한 클림트는 신비로운 것과 정신적인 것에 초점을 맞추어 작품 제작을 이어갔다.

구스타프 클림트Gustav Klimt, 1862-1918
「아델레 블로흐 바우어 초상Adele Bloch-Bauer」
캔버스에 유채, 140 x 140cm
1907년, 노이에 갤러리

당시 유럽에는 클림트를 비롯하여 장식적인 성향이 강한 아르누보가 인기를 끌고 있었지만, 아카데미 화가들은 이런 양식을 거부했다. 실레는 1906년 빈의 명문 미술아카데미에 들어가 전통적인 양식으로 인정을 받았지만, 곧 아르누보를 받아들이면서 결국 1909년에 아카데미를 떠나게 된다.

클림트로부터 영감을 받은 실레는 클림트의 표현주의적인 선들을 더욱 발전시켜 역동적이고 심지어 발작적이기까지 한 인간의

에곤 실레 사진
사진출처: 노이에 갤러리 공식홈페이지

육체를 묘사하였다. 실레 역시 성적인 욕망을 주제로 하여 20세기 초 빈에서 큰 논란을 일으켰다. 어린 모델들을 데려다 부도덕적인 그림을 그렸다는 죄목으로 1912년에는 감옥에 들어가기도 했다고 한다.

에곤 실레|Egon Schiele, 1890-1918
「포옹The Embrace」
캔버스에 유채, 100 x 170cm
1917년, 오스트리아 갤러리

에곤 실레
「푸른 잎에 둘러싸인 마을(오래된 도시 III)」
캔버스에 유채, 110.7 x 140.1cm
1917년, 노이에 갤러리

건축이 이야기한다

구겐하임 미술관
Solomon R. Guggenheim Museum
1071 5th Avenue New York, NY 10128
(212) 423-3587
www.guggenheim.org

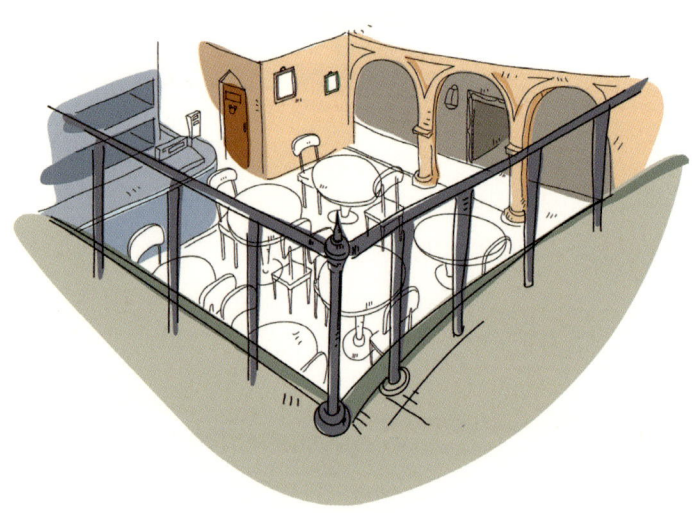

구겐하임 미술관은 인상파, 후기인상파 작가들을 비롯해서 수많은 근, 현대작가들의 작품을 보유하고 있다. 미국의 유명 건축가 프랭크 로이드 라이트 Frank Lloyd Wright, 1867-1959가 디자인한 구겐하임 건물은 현대건축물을 대표하는 걸작으로 전 세계에서 온 관람객들이 그 앞에 항상 줄 지어있다. 전시는 안 보더라도 구겐하임 건물 앞에서 사진 한 장은 꼭 찍어야 할 정도로 이 건물의 인기는 대단하다.

구겐하임 미술관 외관

    구겐하임의 외관은 블랙과 화이트가 조화되어 마치 나선형의 소용돌이처럼 보인다. 혹자는 미술관 소장품이 오히려 건축에 가려 빛을 잃을 정도라고 한다. 사실 이 말에도 일리가 있는 것이 나 또한 구겐하임에 내가 그렇게 좋아하던 르누아르의 작품이 있다는 것을 아주 뒤늦게야 알게 되었으니 말이다.

나선형 통로 갤러리로 입장하는 사람들의 모습

구겐하임 미술관 내부

구겐하임 미술관 스토어

　구겐하임 미술관에서 열리는 전시를 한마디로 표현한다면 철저한 건축구조적 경험이라 할 수 있다. 1층 아트리움에서 올려다 보면 꼭대기층까지 이어진 스파이럴 spiral, 나선형 의 아름다움이 한눈에 보인다. 내부 1층부터 꼭대기층까지를 이은 나선형 통로가 갤러리 역할을 하기 때문에 관람객들은 1층부터 쭉 걸어 올라가면서 전시를 보게 된다. 전시 관람과 건물 투어를 함께 하는 것이다. 건물의 구석구석은 전시를 위해 십분 활용되고 어느 한 구석도 이유 없이 그냥 있는 곳은 없다.

　나선형 통로를 가만히 보면 마치 우리 인생여정 같다는 생각이 들기도 한다. 1층부터 시작되는 이 통로 벽면에는 변화하는 인간의 가치관과 관심사를 반영하는 전시가 열린다. 전시를 다 보려면 나선형 통로를 따라 꼭대기까지 올라가야만 하는데 이는 마치 목적지까지 가야만 하는 인간의 운명을 상징하는 듯하다. 올라가는 사람, 그리고 내려오는 사람들을 보고 있노라면 우리 삶의 모습과 참 닮았다 싶다.

　건물 내부 어디에서도 나의 모습은 타인에게 노출되어 있고 그들의 모습 또한 숨겨지지 않는다. 닫힌 사각 공간에서의 전시가 아닌 완벽히 오픈된 공간 속에서의 전시는 약간의 불안감도 조성

르누아르
「피아노 앞에 앉은 소녀들 Girls at the Piano」
캔버스에 유채, 116 x 90cm
1892년, 오르세 미술관, 파리

르누아르
「물랭 드 라 갈래트의 무도회 Bal du moulin de la Galette」
캔버스에 유채, 131 x 175cm
1876년, 오르세 미술관, 파리

하지만, 긴장감이 더해져서 흥미롭고 특별한 경험을 하게 한다.

게다가 건물 내부에는 사람들의 웅성거림과(1층 관람객의 웅성거림은 5층까지도 들린다) 몇몇 작품의 오디오 사운드가 합쳐져 묘한 소리가 들리기도 했다. 혼란스럽고 정돈되지 못한 느낌이지만 신기할 정도로 역동적이고 활기찼다. 이 모든 상황과 소리들이 결합된 구겐하임 미술관은 그 자체만으로도 충분히 멋진 행위예술품이었다.

르누아르

내 인생의 어느 한 켠 우울한 시간들 속에서 나는 르누아르를 만났다. 현실 속의 칙칙하고 암울한 분위기와 색감에 질려버린 나에게 회화의 경이로움을 알려준 이가 바로 르누아르가 아니었던가. 기억을 더듬어 그 경이로운 순간을 회상해 본다.

어릴 적 피아노 학원 연습실 조그마한 액자 속에서 처음 보았던 르누아르의 「피아노 앞에 앉은 소녀들」, 미술책 어느 구석에서 보았던 「물랭 드 라 갈래트의 무도회」는 미술사에 무지한 나였음에도 불구하고 어느 정도 익숙한 그림들이었다. 그런데 달라 보이는 것은 색감과 분위기였다. 이렇게 다채롭고, 평화롭고, 부드럽고, 따사로울 수가 있는 것일까. 나는 내 눈을 의심하며 르누아르의 그림 속으로 빠져들어갔다.

우리는 현실의 암울함을 잊기 위해 나름의 방법을 택한다. 영화를 볼 수도 있고, 노래방에 가서 한 곡조 시원하게 뽑을 수도 있다. 하지만 당시 현실 속 나에게는 그 어느 것도 허용되지 않았고, 다만 르누아르의 그림이 기적처럼 나타나버렸다. 그냥 하염없이 바라보았다. 보고 또 보아도 새록새록 스며 나오는 그림 속의 다정함과 여유로움은 고단한 현실 속의 나를 작품 속으로 끌어들였다.

르누아르는 인상주의의 대가인 모네와 각별한 친구였다고 한다. 작가의 작업실이라는 실내공간에서 탈출한 이들은 야외에서 직접 보고 그리는 풍경화를 그렸고, 서로를 모델로 이용하기도 했다.

프랑스 리모주의 노동자 계급 가정에서 태어난 르누아르는 도자기 공장에서 도자기에 무늬를 그려 넣는 일을 해서 받은 임금으로 미술 수업을 받았고, 이때 클로드 모네, 알프레드 시슬레 등을 만났다. 이들은 함께 그림을 그리기도 했고, 같은 대상을 보고 각기 다른 그림을 그리기도 하면서 인상주의 화가로 명성을 다져갔다.

구겐하임의 소장품인 「여인과 앵무새」는 르누아르의 초기 작품 중 하나로 그의 친구였던 리즈 트레홋Lise Tréhot, 1848-1922을 그린 것이다. 작품 속 그녀는 1867년에서 1872년 사이 르누아르 작품의 주인공으로 많이 등장한다. 「여인과 앵무새」는 1870년에서 1871년까지 치러진 프랑스-프로이센 전쟁에 참전한 르누아르가 돌아온 직후 1871년에 그린 것으로 추정된다. 하지만 1872년 그녀가 다른 남자와 결혼 한 이후로는 작품 속에서 그녀의 모습은 사라져버리고 말았다.

피에르 오귀스트 르누아르Pierre-Auguste Renoir, 1841-1919
「여인과 앵무새Woman with Parrot」
캔버스에 유채, 92.1 x 65.1cm
1871년, 구겐하임 미술관, 뉴욕

드가

에드가 드가는 부유한 은행가 집안의 아들로 태어나 일찍부터 그의 재능을 알아차린 부모님 덕분에 집안에 작업실을 두었다. 처음에는 법학 공부를 하다가, 이후 화가를 지망하여 1855년 에콜 데 보자르에 입학했고 회화, 드로잉, 조각, 그리고 사진술에도 정통하였다.

여성 혐오증이 있다고 알려진 드가는 여자보다는 자신의 예술세계를 더 소중히 여겨 결혼하지 않았다고 한다. 하지만 역설적이게도 그의 유명한 작품 중 대다수는 여성 무용수를 그린 작품이 많다. 다만 드가의 작품 속 여성은 작가의 애정어리거나 너그러운 시선으로 바라보아졌다기보다는 오히려 냉정한 시선으로 관찰되어졌다. 선의 표현적인 사용을 통해 여성 무용수의 동작 묘사에 집중했다.

드가는 여덟 차례 열렸던 인상주의 전시회 중 일곱 번이나 참가했음에도 불구하고 자신의 양식과 인상주의 양식 사이에 거리를 두고 싶어 했다고 한다. 그래서 결국 많은 동료 인상주의 화가들을 잃게 되기도 했지만, 강한 자존심의 소유자이자 타협을 거부하는 성격의 드가는 자신만의 독특한 양식을 꿋꿋이 유지해 나갔다.

드가(Edgar Degas, 1834-1917
「초록색과 노란색의 무용수들Dancers in Green and Yellow」
종이에 파스텔, 98.8 x 71.5cm
1903년, 구겐하임 미술관

조용한 업타운의 오전에 즐기는
차분한 커피 한잔

유대인 미술관
The Jewish Museum

1109 5th Avenue New York, NY 10128
(212) 423-3211
www.thejewishmuseum.org

센트럴 파크 동쪽을 따라 길게 뻗은 뮤지엄 마일 Museum Mile 주위는 맨해튼에서 가장 고급스런 동네이다.

이 고급스런 동네에 위치한 유대인 미술관은 역시 기대를 저버리지 않았다. 특히 지하에 위치한 카페 Café Weissman는 너무 좋았다. 고풍스러운 목조 인테리어가 풍기는 귀족적인 분위기, 그리고 카페를 에워싼 찬란한 빛깔의 스테인드

> 어퍼 이스트 Upper East 82가 82nd Street 부터 104가 104th Street에 이르는 이곳을 '카네기 힐'이라 불리기도 한다.

Café Weissman

유대인 미술관 외관

글라스. 성스러운 빛의 효과로 카페 내부는 엄숙하다 못해 신성하게까지 느껴졌다.

    그래서인지 유대인 미술관 방문은 언제나 기다려졌고 특히나 이 카페에 오면 즐거운 선물을 받는 듯한 느낌이었다. 미술관의 전시는 꼭대기층인 4층부터 시작된다. 4층으로 엘리베이터를 타고 바로 올라가면 왼쪽 구석에 조용히 앉아 계시는 봉사자가 오디오 가이드를 대여해 준다. 만약 시간이 맞으면 4층에서 도슨트와 함께 출발하는 투어에 참여할 수도 있다. 도슨트 본인이 유대인인 경우가 많아 훌륭한 안내를 받을 수 있으니 참여해 보는 것도 좋은 방법이다.

연대기 순으로 전시가 되어 있기 때문에 4층, 3층, 2층 순으로 내려오면서 전시를 관람하면 자연스레 미술관을 이해하게 된다. 놀랍도록 깊고 풍성한 전시의 수준에 계속 감동하면서 서서히 관람객들은 유대인의 역사를 가슴으로 느끼고 연민하기도 혹은 경외하기도 한다.

대부분의 작품에서 유대인들의 절망과 고독 그리고 비극의 상처가 느껴졌다. 나라 없이 몇 천 년을 떠돌아다니며 어디에서도 환영받지 못했던 그들의 처참한 세월은 알 수 없는 감동을 준다. 아마도 고통을 작품으로 승화시킨 작가 정신이 빚어낸 감동이 내게 전해져 왔던 것 같다.

사랑이나 기쁨과 같은 주제로 익숙한 샤갈의 작품은 아름다운 주제만큼이나 아름다운 색채와 형상으로 많은 사랑을 받는 작가이다. 특히 그의 작품 속에 지속적으로 등장하는 그의 연인이자 아내인 벨라와의 러브스토리는 유명하다. 아름다운 사랑이야기로 친숙한 작가여서 약간은 우울한 그림들이 전시된 유대인 미술관에서 샤갈의 작품을 만나게 될 거라고는 상상하지 못했다. 갤러리를 둘러보던 중 드문 드문 그의 이름이 눈에 띄었고 그제야 난 샤갈이 유대인이었음을 알게 되었다.

샤갈은 1887년 벨로루시의 비테프스크에서 태어났다. 비테프스크는 러시아 서부의 한 도시로 유대인의 거주가 허락되는 곳이었다. 샤갈은 특히 그의 초기 작품에서 비테프스크에서 살아가는 유대인 공동체의 생활 모습을 많이 묘사했고, 후기에 와서는 그곳에서 보낸 그의 어린 시절 이미지들을 생생하고 활기차게 그려내었다. 유대교와 그리스도교에 의지해서 많은 작품들을 남겼고, 말년에는 스테인드글라스 작품도 제작하였다.

마르크 샤갈과 벨라

혹시 뉴요커이신가요?

뉴욕시 역사박물관
Museum of the City of New York
1220 Fifth Avenue New York, NY 10029
(212) 534-1672
www.mcny.org

42가에 위치한 뉴욕공립도서관은 내가 뉴욕에 살면서 가장 많은 시간을 보낸 곳이다. 학교 공부를 할 때도, 자격증 시험 준비를 할 때도 그리고 이 책을 준비할 때에도 꾸준히 내게 쾌적하고 편안한 분위기를 제공해 주었다. 넓게 탁 트인 리딩룸과 은은한 테이블 조명, 도서관 곳곳의 예술작품과 고서의 냄새는 항상 현재의 고단함을 잊게 하고 나에게 힘을 불어넣어 주었다.

브라이언 파크에서 바라본 뉴욕공립도서관 건물

뉴욕공립도서관 사자상

뉴욕공립도서관 리딩룸 천장화
리딩룸 내부

    3층 두 개의 리딩룸 중 좌측 리딩룸 내에 미술과 건축서적 전문 컬렉션 Arts and Architecture이 따로 마련되어 있다. 미술서적 독자들만을 위한 리딩룸이 있어 특별한 대우를 받는 느낌이다. 수많은 미술서적에 둘러싸여 글을 읽거나 쓰다 보면 그 서적들을 집필한 학자들의 조용한 기운을 받는 것 같았고, 게다가 필요한 책을 사서들이 앉은 자리에까지 가져다주는 특별 서비스까지 제공되니 이보다 더 좋은 도서관이 있을까 싶었다.

    42가 도서관을 좋아하는 또 다른 이유는 도서관 뒤쪽의 브라이언 파크 때문이다. 철마다 다른 색의 옷을 입는 브라이언 파크는 뉴요커들이 가장 즐겨 찾는 공간이다. 뉴욕의 노란 봄과 진한 녹색 여름, 붉은 가을 그리고 새하얀 겨울을 도심 내에서 가장 잘 느낄 수 있는 곳이다. 매 철마다 색이 다르고 하루하루의 모습이 새로운 브라이언 파크는 그야말로 도심 속 오아시스다.

컵케이크와 커피

도서관에 갈 일이 있을 때마다 나는 도서관 개관 30분 전에 항상 근처 컵케익 전문점인 '크럼스 Crumbs'에서 달콤하기 그지없는 레드벨벳 Red Velvet 컵케이크와 진한 커피 한잔을 들고 브라이언 파크로 향했다. 입속의 달콤함은 커피의 진한 향을 타고 콧속 깊은 곳까지 스며든다. 아마 그 30분의 행복은 뉴요커들이 뉴욕을 사랑할 수밖에 없는 이유 중에 하나일 것이다. 현실 속의 나를 잊고 만끽하는 30분의 여유로움과 자유로움은 매 순간 감동이다.

그날도 여지없이 아침의 신선한 나무 냄새와 새소리에 감동하며 커피 한잔을 하고 있는데, 한 백인 남자가 갑자기 내게 물었다. "Excuse me. Are you a New Yorker? 실례합니다만, 혹시 뉴요커세요?" 난생 처음 받아본 질문에 즉시 대답하지 못하고 잠깐을 망설였다. '내가 뉴요커인가? 7년 정도 뉴욕에 살았으니 뉴요커라고 해도 되겠지?'라고 망설이는 나에게 그가 다시 물었다. "I mean, do you live in the city? 제 말은 맨해튼에 거주하시냐고요" 그제야 난 내가 어디 사는지를 묻는 질문이라는 것을 알아채고 아니라고 답했다 (당시 나는 뉴저지 주에서 살고 있었다).

브라이언 파크 주변 거리모습

　그는 내게 무슨 무슨 파티가 있는데 오지 않겠냐고 했다. 당황하기도 했지만 파티문화를 잘 즐기지 못하는 나의 바른생활(?) 습관 덕에 정중히 거절을 하고 말았다. 그리곤 왜 내가 그 간단한 질문에 망설였는지 가만히 생각해 보았다. 뉴요커가 뭐길래. New York에 er을 붙여 '뉴욕에 사는 사람'이라는 뜻에 불과하지 않나.

　뉴욕에 살면 뉴요커라고 생각을 하다가도 그건 아니다 싶었다. 아마도 뉴욕이라는 단어는 단순히 지리적인 명칭을 넘어 문화 메카로서 가지는 독특한 특성을 함축하고 있는 단어이기 때문인 것 같다. 토박이 뉴요커들은 자신들을 뉴요커라 칭하는 것에 대한 대단한 자부심이 있다. 뉴요커라 불리는 그 자체만으로도 뭔가 특별해지기 때문이다. 보통의 뉴욕 사람들은 뉴요커라 불림으로서 그들 자신을 뉴욕의 역사와 문화의 일부로 인식한다.

브라이언 파크

뉴욕은 여전히 관광객들이 가장 많이 찾는 여행 목적지 1순위이고 이들이 방문하고 떠남으로써 이 도시는 생존한다. 국적 불문하고 뉴욕에 한번 발을 디딘 사람들은 결국 뉴욕을 사랑하게 되는 것 같다.

역사적으로 뉴욕은 가장 빠르고 거대한 도시 성장을 이루었다고 한다. 새로운 삶을 개척하려는 굳은 의지를 품은 이민자들은 더 빨리, 더 좋게 자신들의 새로운 보금자리를 만들어 갔고 그러는 과정 속에 뉴욕은 그들에게 제2의 고향이 되어갔다. 그리고 사랑하지 않을 수 없게 된 것이다.

뉴욕시 역사박물관 외관

뉴욕시 역사박물관 내부 일부

　　뉴욕시 역사박물관은 이런 뉴욕의 역사를 소개한다. 1923년 설립된 박물관은 페인팅, 드로잉, 사진 등의 매체를 통해 뉴욕시와 뉴요커들의 삶을 조명하는 전시를 한다. 특히 미술관 2층에서 상영하는 영상 프로그램 Timescapes 은 1609년부터 현재까지의 뉴욕의 변화상을 보여준다. 17세기 식민 시절부터 2001년 9.11의 비극상까지 뉴욕의 이모저모를 약 30분에 걸쳐 보고 나면, 네온사인에 현란한 뉴욕이 아닌 자유와 개척의 땅인 진정한 뉴욕의 일면을 느끼게 될 것이다.

Timescapes 상영관 입구 / 상영시간 안내판

업타운의
숨겨진 비밀의 정원

바리오 미술관
El Museo del Barrio New York

1230 5th Avenue New York, NY 10029
(212) 831-7272
www.elmuseo.org

어느 무더운 여름날 방문한 바리오 미술관은 나에게 특별한 선물을 주었다. 그날도 역시 메트로폴리탄 미술관에서 오전 내내 땀을 뺀 뒤라 무척이나 지쳐있었다. 당시 난 메트로폴리탄 미술관 루프 가든에 전시된 스턴 형제의 대나무 조각품 특별전 인턴으로 일하고 있었다. 높이 100피트에 너비 50피트인 대형 조각품은 관람객이 그 사이사이를 지나가면서 미술품에 참여할 수 있게끔 하는 일종의 퍼포먼스 아트였다.

이스트 할렘 커뮤니티 모습

    센트럴 파크가 훤히 내려다보이는 미술관 꼭대기에서부터 100피트 더 올라가는 이 대나무 조각품의 끝자락에 서면 세상을 다 가진 듯한 느낌이 들었다. 메트로폴리탄에서 전시 가이드를 할 수 있어 행복했지만, 무더운 여름에 25분이 넘는 투어를 오전 내내 반복하는 일은 그리 즐겁기만 한 건 아니었다.

    그래서 투어가 끝나는 대로 난 미술관을 빠져나오기에 바빴다. 미술관 옆 벤치에 털썩 하고 주저앉아 주위를 둘러보면, 지친 내 모습이 무색할 정도로 메트로폴리탄 주위 5번가 뮤지엄 마일은 활기찼다. 70가의 프릭 컬렉션, 82가의 메트로폴리탄, 89가의 구겐하임, 92가의 유대인 미술관 등 센트럴 파크 동쪽으로 연이은 유명 미술관들은 늘 방문객들로 붐볐다.

바리오 미술관 외관

바리오 미술관 내부

그런데 이런 뮤지엄 마일의 신나는 분위기는 신기하게도 104가, 이스트 할렘 East Harlem에 위치한 바리오 미술관에 다다를 무렵 확연히 달라진다. 뮤지엄 마일 북쪽에 위치한 이스트 할렘(스패니쉬 할렘이라고도 알려져 있다)은 라틴계 커뮤니티이다. 이곳에 위치한 바리오 미술관은 그 이름처럼 동네에서 친근하게 드나들 수 있는 편한 미술관 같아 보였다. 스페인어로 바리오는 '이웃'이라는 뜻이다. 말 그대로 이웃에 있는 미술관이었다.

동네 학생들이 가방을 맨 채 뛰어 들어가는 모습이 심심찮게 보였다. 게다가 미술관에서 흘러나오는 라틴 음악소리와 자극적인 라틴음식의 향은 무더운 날씨에 지친 내 마음과 식욕을 한껏 자극했다. 바리오 미술관은 라틴아메리카 미술 및 문화의 이해와 감상을 고취하는 여러 교육 프로그램 및 전시를 제공하고 있다. 미술관에 일하는 경비 아저씨의 말에 의하면 이 건물은 예전에는 고아원이었다고 한다. 예전 건물의 취지를 이어 여전히 바리오 미술관은 어린이 교육 프로그램이 활발히 진행되고 있고, 더불어 모두가 함께 즐길 수 있는 페스티발도 매 철마다 열린다.

104가와 105가 사이에 위치한 센트럴 파크 정원 입구

센트럴 파크 정원 내부

관람을 마치고 나오면 미술관 맞은편 오른쪽에 특별하고도 비밀스러운 정원으로 향하는 문이 보인다. 바로 센트럴 파크 정원 Central Park Conservatory Garden으로 들어가는 입구이다. 이 입구는 104가의 뉴욕시 역사박물관과 105가 바리오 미술관 사이에 위치해 있다.

맨해튼 꼭대기에 이런 정원이 있으리라고는 생각하지도 못했던 지라 선물을 받은 듯한 느낌이었다. 조심스레 문을 통과해서 들어가 보니 영화에서나 나올 법한 엄청난 비밀의 정원이 내 눈앞에 펼쳐졌다. 프랑스, 이탈리아 그리고 영국의 세 가지 양식으로 만들어진 이 정원은 규모도 엄청나거니와 특히 관광객들이 없어 한산했다.

보통 해외 방문객들은 메트로폴리탄이나 구겐하임까지 보고는 다운타운 쪽으로 내려간다. 맨해튼 끝에 위치한 덕인지 아직 이 정원은 방문객들의 발자취가 느껴지지 않아 마치 나만을 위한 비밀의 정원 같았다. 독일인 월터 스캇 Walter Schott이 조각한 「춤추는 세 처녀들」은 단연코 정원 중앙에서 눈길을 끌었고 어느 한 코너 아름답지 않은 곳이 없었다.

「춤추는 세 처녀들」 조각상

New ork,

Y

and...

4장 달라서 신선하다

지하철로 두 정거장 from 모마 [모마 PS1]

조각에 생명을 불어넣는 곳 [조각센터]

즐거운 하모니가 있는 동네, 브루클린에 가다 [브루클린 미술관]

공기마저 다르다. 하늘과 강, 자연 그리고 예술이 하나가 되는 곳 [클로이스터스 미술관]

지하철로 두 거장 from 모마

모마 PS1
MoMA PS1

22-25 Jackson Avenue Long Island City, NY 11101
(718) 784-2084
www.momaps1.org

1970년대 정형화된 갤러리 공간에 반기를 들고 그를 대체하는 공간에 대한 움직임 Alternative Space Movement 이 있을 무렵, 알라나 헤이스 Alanna Heiss, 1943- 가 롱아일랜드 시티 Long Island City 에 PS1을 설립했다. 1976년 설립되고 2000년에 뉴욕현대 미술관과 결연을 맺기까지 PS1은 현대미술 전시를 계속해왔다.

MoMA PS1 입구

MoMA PS1 로비

　　PS1의 전시는 특이하다. 쓰다 남은 캔버스나 스케치북의 한쪽 귀퉁이에 무심하게 그려진 요상한 모양의 형상들이 테이프나 압정 등으로 대강 벽에 걸려 있고, 친절한 레이블 대신 퉁명스러운 포스트잇이 그나마 작품명을 알려주었다. 포토그래퍼의 정교하고 전문적인 사진인화작업 대신 A4용지에 컬러프린터로 뽑아낸 사진들로 사진전을 하고 있는가 하면, 어떤 작품들은 천장에 매달려 있거나, 심지어 에어컨 바람에 펄럭거리고 있었다.

　　바닥, 손잡이, 계단, 창문 등 주어진 공간의 모든 일상요소를 이용하면서도 일상적이지 않은 예술전시를 이루고 있다. 모마 입장권을 30일 내에 가지고 가면 PS1의 입장은 무료이다. 입장권 뒤에 보면 PS1으로 가는 길이 상세히 잘 나와 있는데, 모마에서 지하철로 딱 두 정거장 걸리는 곳이다.

옛 학교 건물이었던 MoMA PS1
미술관의 실내

조각에 생명을 불어넣는 곳

조각센터
Sculpture Center

44-19 Purves Street Long Island City, NY 11101
(718) 361-1750
www.sculpture-center.org

조각센터 외관

살인적인 뉴욕의 어느 여름날, 더위 경고까지 뉴스에서 떠들어 대던 그 날, 난 굳이 이곳 조각센터를 방문하기로 마음먹었다. 조각센터가 위치한 롱아일랜드 시티는 곳곳에 크고 작은 공장 건물이 많은데다가 자주 가보지도 않아 익숙한 지역이 아니었다. 그럼에도 불구하고 용감하게 길을 나섰지만 아니나 다를까 낯선 지역에서 조각센터를 찾기 위해 돌고 또 돌았다. 더위와 피곤에 더 이상은 찾지 못하겠다고 생각한 바로 그 순간 멀리서 아주 작게 붉은색 간판이 보였다.

참, 한숨이 나오는 건물이었다. 붉은색의 간판과 알록달록 페인트칠 된 입구가 아니었더라면 미술관이라고는 상상도 할 수 없는 그런 건물외관이었다. 이 더위에 찾아 왔건만! 아무튼 못 찾은 것보다는 다행이라 생각하며 입구로 들어섰다.

조각센터 입구 / 조각센터의 황량한 정원

조각센터는 뉴욕에서 유일하게 현대 조각을 전시하는 비영리 미술단체로 1928년 몇몇의 작가들에 의해 설립되었다. 조각센터라는 이름은 1944년에 붙여졌다고 한다. 이곳 롱아일랜드 시티의 손수레 보수공장을 인수하여 지금의 전시공간으로 사용하고 있다. 디자이너이자 예술가인 마야 린 Maya Lin 이 디자인을 맡아 공장 리노베이션을 했지만 일반적인 의미로의 리노베이션은 절대 아니다. 아마도 어떻게 하면 공장의 분위기를 그대로 유지하면서 전시공간을 마련할 것인지에 대한 리노베이션이었을 것이라 생각한다.

안으로 들어서자 오래 묵어 쾌쾌한 냄새가 났다. 상쾌하지는 않았지만 꽤 시원해서 밖의 후덥지근한 여름온도에 지친 내 정신을 살짝 흔들어 주었다. 덕분에 정신을 차리고 주위를 둘러보았다.

조각센터 1층 전시공간

'오 마이 갓!'은 이럴 때 쓰는 말이었지. 무너져가는 천장은 하늘을 다 가리지 못했고, 온통 시멘트벽에 고철나부랭이들이 뒹굴고 있었다. 반쯤 뚫린 천장으로 비가 새지는 않을까 걱정까지 들었다. 충격적인 전시공간에 눈을 뺏겨 입을 떡 하니 벌리고 한동안 서있었다. 그래도 전시는 봐야지 하는 마음에 대강 내버려 둔 듯한 조각품들을 살피기 시작했다.

조각센터 1층 전시작품 일부

그런데 생각보다 재미있었다. 근사한 미술관에서는 볼 수 없었던 새로운 형태의 조각 혹은 물체(?)들이 시선을 끌었다. 1층은 신선했다. 그런데 문제는 지하였다. 이제껏 많은 전시공간을 다녀보았지만 이곳처럼 충격적인 전시공간은 처음이었다.

어두운 지하로 향하는 가파른 계단을 조심스럽게 내려가면 역겨운 냄새로 비위가 상하기 시작한다. 지하천장의 희미한 불빛은 무서우리만큼 괴기스러웠고 지하 안쪽 어둠 속에서 조용하게 음악이 흘러나오고 있었다. 그야말로 공포였다. 전시공간만 아니었다면 두 번 다시는 들어가고 싶지 않을 것만 같았다. 감히 들어가지 못하고 아주 한참을 그냥 서 있었다. 그때 마침 내 뒤를 이어 한 일행이 지하로 내려왔고 그들을 앞세우고서야 겨우 한 발자국씩 내딛기 시작했다.

한쪽에 우두커니 학의 형상을 한 물체들은 정말 너무 무서웠다. 곳곳의 비디오 인스톨레이션과 이상야릇한 다른 물체들은 지하 전시공간의 괴기스러움과 어우러져 더 이상 인간이 만든 작품이라고는 생각되지 않았다. 마치 인간의 눈을 피해 비밀스럽고 어두운 지하공간에 숨어지내는 신비스럽고 특별한 생물체 같아 보였다. 냉정히 생각하면 정말 대단한 조각들은 아니었다. 그렇지만 전시공간이 작품에 생명을 불어넣어 주었다. 정말 대단한 공간적 존재감이 아닐 수 없었다.

즐거운 하모니가 있는 동네, 브루클린에 가다

브루클린 미술관
Brooklyn Museum

200 Eastern Parkway Brooklyn, NY 11238
(718) 622-7890
www.brooklynmuseum.org

맨해튼을 벗어나면 특유의 여유로움을 느낄 수 있어 좋다. 가는 곳마다 관광객과 교통체증에, 엄청난 문화적 풍요로움에 맨해튼은 여백이 없는 추상화다. 마치 잭슨 폴락의 추상화를 보는 듯하달까.

이런 추상화에 우리는 열광하면서도 동시에 정신적 여유를 상실하게 되고 심하면 이런 문화의 빼곡함에 학대를 당하기도 한다. 사람들로 빽빽한 맨해튼에서는 부딪히지 않기 위해 안간힘을 써야 한다. 긴장과 바쁨 사이로 요리조리 걸어야만 겨우 목적지에 다다를 수 있는 약간은 피곤한 맨해튼에 잠시 흥미를 잃었다면 브루클린 미술관을 방문하길 바란다. 이곳의 공간적 여유로움에 분명히 감사하게 될 것이다.

    브루클린 미술관은 뉴욕에서 메트로폴리탄 다음으로 큰 미술관이다. 크기만큼이나 소장품도 풍성하다. 이집트, 로마, 그리스, 아메리카, 아프리카, 유럽, 아시아 미술품이 소장되어 있고 그중에서도 특히 이집트, 아프리카, 유럽미술 작품으로 유명하다.

브루클린 미술관 지하철역

브루클린 미술관 외관

미술관 주변 풍경

    브루클린 미술관을 가려면 한참을 가야 한다. 지하철로 길고 어두운 터널을 지나 역에 도착해서 동네를 둘러보니 5층 정도의 그리 높지 않은 아파트들이 조용히 즐비해 있었다. 겨울이기는 했지만 맨해튼에 비하면 정말 사람 그림자도 찾아보기 힘든 조용한 동네였다. 고만고만한 건물들 사이에 불필요하게 넓어 보이는 도로. 참 질서정연한 동네였다.

    미술관 건물은 이웃으로 브루클린 식물원Brooklyn Botanical Garden, 마운트 프로스팩 공원Mount Prospect Park 그리고 브루클린 공립도서관Central Branch of the Brooklyn Public Library 등의 굵직굵직한 건물들을 끼고 있다. 건축물의 규모에 있어서도 그 가치에 있어서도 단연히 돋보이는 웅장한 건물들이지만, 주위의 조용하고 작은 건물들과 어우러져 보기 좋은 하모니를 이루고 있었다.

    미술관에 들어서자 필드 트립을 온 학생그룹들이 눈에 띄었다. 운동화에 청바지 차림으로 그리 크지도 그렇다고 그리 불쾌하지도 않을 정도의 소음을 만들어 대면서 로비 이곳저곳에 모여 있었다. 유모차에 아이를 태운 젊은 엄마들의 속삭이는 소리, 드문드문 보이는 나홀로 방문객 등 미술관 속 그들은 조용하고도 여유로웠다.

예술과 사람 그리고 건축물이 서로를 존중하며 제 역할을 다하여 즐거운 하모니를 울리고 있었다. 신비스러우면서도 다채로운 이슬람관과 동양예술의 여백의 숭고함을 잘 표현한 아시아관도 인상적이었다.

브루클린 개선문

페미니즘 미술 - 쥬디 시카고

쥬디 시카고는 1939년 미국 일리노이주 시카고에서 태어났다. 원래 성은 코헨이지만 출생지의 이름을 따 시카고로 성을 바꾸었다. 시카고는 페미니즘 미술사에서 가장 중요한 인물로 손꼽히는데 특히 그녀의 작품 「디너파티」는 '서구문명 안에서의 여성의 상징적인 역사'를 표현한 작품으로 무려 400명 이상의 인원을 동원하여 5년에 걸쳐 제작하였다.

시카고는 이 작품에서 구체적인 상징물을 통해 서양 문명에서 여성이 차지하는 역사적 위상과 그녀들의 성과를 보여주려 한다. 대형 삼각 테이블에는 39자리와 39벌의 식기 세트가 놓여 있는데, 이는 39명의 여류 명사들을 묘사한 것이다. 접시 모양은 꽃의 형상으로 여성의 외음부를 묘사한 것이어서 논란의 대상이 되었다.

그녀는 기존의 남성 위주의 관점에 의해 오로지 아름답게만 보여지는 여성의 이미지를 거부하고, 여성의 관점으로 역사를 바라보고자 했고 이를 그녀가 가장 사랑하는 미술을 통해 이루고자 했다. 꽃의 형상을 한 39명의 여류 명사들이 정확히 어떻게 남성 위주의 관점에 대항하는지는 작품을 직접 보았음에도 불구하고 이해하기가 어려웠다. 다만 페미니즘 미술사에서 논의될 만한 큰 규모의 작품을 제작하였고 가장 근원적인 여성의 신체 일부를 대담하고 상징적으로 표현한 것이 주목할만했다.

여성은 전통적으로 다수가 아닌 소수였다. 소수는 다수인 남성에 의해 '타자'화 되어 본연의 모습이 아닌 다수에게 보여지기 좋은 존재이길 요구되어 왔다. 이런 관념에 반기를 들기 시작한 것이 페미니즘 미술의 시작이다. 반기, 대항 등의 개념이 저변에 깔려 있는 미술이라 심미적이기보다는 전통의 아름다움을 깨부수고자 하는 의지가 강하게 작용해서 솔직히 페미니즘 미술작품을 오랫동안 즐겁게 관람하기에는 불편함이 있다. 마주하기 싫은 진실에 대한 불편함이랄까.

하지만 쥬디 시카고의 「디너파티」는 페미니즘 미술이라는 개념을 떼어놓고 보아도 여전히 인상적인 작품이라 좋았다. 물론 작가는 아주 섭섭해하겠지만 말이다. 현대 사회에서 소수는 비단 여성만이 아니다. 집단 속에서 소수는 항상 존재하고 오늘의 다수가 내일의 소수가 될 수 있는 불안한 사회 속에 우리는 살고 있다. 소수가 당당히 자신을 드러내는 것이 다수를 불편하게 하는 것이 아닌 사회를 기대하며 「디너파티」를 보는 것은 어떨까.

"작업실은 내가 여성이라는 사실이 문제되지 않는, 본연의 '나'로 존재할 수 있는 유일한 곳이었다." -쥬디 시카고

공기마저다르다.
하늘과 강, 자연
그리고 예술이 하나가 되는 곳

클로이스터스 미술관
The Cloisters

99 Margaret Corbin Drive
Fort Tryon Park New York, New York 10040
(212) 923-3700
www.metmuseum.org

맨해튼 어느 지역에서 출발하든 클로이스터스까지의 여정은 무척이나 길다. 지하철 지도의 가장 끝자락에 붙어 있는 '190가 *190 St.*' 스테이션의 숫자 190은 클로이스터스로의 방문을 마음먹기까지 꽤 시간이 걸리게끔 하는 이유 중의 하나이다. 하지만 클로이스터스는 나의 어려운 결심을 보상이라도 하듯 항상 마음의 평화와 시간의 여유를 즐기게 해준다.

지하철을 타기 전에 준비해서 함께했으면 하는 것은 향이 좋은 커피 한잔이다. 나는 클로이스터스에 갈 때마다 잊지 않고 꼭

FIKA 커피

58가에 위치한 피카 에스프레소 바 Fika espresso bar 에서 커피 한잔을 산다. 커피를 들고 몇 블록을 걸어 59가 콜럼버스 서클 Columbus Circle 역에서 A트레인을 타면 한 번에 클로이스터스에 갈 수 있다. 물론 지하철역까지 커피를 들고 걸어야 하는 불편함이 있지만 커피 없이 어두운 지하철 안에서 40분을 보내 보면 얼마나 그 불편함이 고마운지 알게 된다.

> 콜럼버스 서클역은 센트럴 파크의 서쪽 입구와 타임워너센터 등이 밀집 되어 관광객들이 붐비는 역이다.

이 역에서 지하철을 타면 고맙게도 배낭을 맨 관광객들이 우르르 내려준다. 여느 때 같으면 아이팟을 꺼내 들고 음악을 들을 준비를 하겠지만 그러지 않기로 한다. 지하철 속에서 듣게 되는 각양각색의 사운드를 음미해 보는 것도 이 여행의 묘미 중 하나이기 때문이다. 핸드폰을 만지작거리는 사람들, 잡담을 하는 소녀들, 도도하게 앉아있는 여자 등. 커피 한잔의 향기로 마비된 나의 감각은 그들조차 이 여행의 동행으로 느끼게끔 해준다.

190St. 지하철역
190St. 지하철역 입구
190St. 지하철역 계단
클로이스터스의 자연

    40분 남짓의 지하철 여정이 끝나면 지하 감옥을 연상시키는 허름하고 약간은 괴기스런 지하철역에 도착한다. 그 역 계단을 조심스레 걸어 나오면 커다란 나무들이 뿜어내는 신선한 공기와 푸르고 높은 하늘이 클로이스터스에 가까워졌음을 알려준다.

    클로이스터스 미술관은 1935년 완공된 포트 트라이온 Fort Tryon 공원 내에 위치하고 있다. 이 공원에 들어서서부터 클로이스터스 미술관까지의 길은 길게 뻗은 가로수와 수풀 그리고 각종 꽃들로 가득하다. 해더 정원 Heather Garden 이라 불리는 이 정원은 허드슨 강물의 반짝거림과 어우러져 눈이 부실 정도이다. 매 철 아름답지만 꽃들이 만개하는 4월이나 5월경에 방문하면 가장 좋다.

    포트 트라이온 공원 전체에 퍼져있는 조용한 아름다움과 새소리는 그저 살아있음에 감사하게 되고 이 여행에 나선 걸 축복이라 여기게끔 해준다. 마음속에 전해오는 자연의 속삭임들을 글로다 표현할 수 없는 건 인간의 한계인 듯하다. 드디어 공원 끝자락에 클로이스터스 미술관이 보이기 시작한다.

클로이스터 Cloister라는 말은 보통 성당이나 수도원 등의 지붕이 덮인 회랑을 의미하는 말이다. 수도원 한 가운데에 건물로 둘러싸여져 있는 정방형의 닫힌 공간인 중정中庭과 이를 둘러싸고 있는 회랑은 신의 신비에 대한 명상을 하고 수련을 하는 장소이다. 정방형의 회랑은 동서남북을 가리키며, 우주의 4대 원소인 땅, 물, 불, 바람을 시사하고, 한 치의 어긋남 없는 조화와 균형을 의미하는 세계이다.

1938년 개관한 클로이스터스 미술관은 5개의 중세 프랑스식 회랑, 즉 5개의 클로이스터 Saint-Michel-de-Cuxa, Saint-Guilhem-le-Désert, Bonnefont-en-Comminges, Trie-en-Bigorre, Froville와 프랑스 남부지역 수도원 건물의 일부를 옮겨와 조합한 일종의 조립식 미술관이다.

클로이스터(회랑)

그런데 무슨 레고도 아니고 어떻게 각각의 거대한 건축 조각들을 배로 싣고 뉴욕까지 운반했을까 하는 의문이 든다. 그런데 정말 레고라고 생각하면 된다. 이 프랑스 중세 건축 조각들을 벽돌 한 장 한 장으로 분해해서 배로 운반을 한 뒤 이곳 포트 트라이온 공원에서 자리를 잡고 조립을 했다니 말이다. 과연 인간이 못하는 것이 있기나 한지 대단할 뿐이다.

이와 더불어 클로이스터스 개관에 지대한 역할을 한 파워풀한 한 남자가 있었으니, 그 이름은 존 D. 락카펠라 주니어 *John Davison Rockefeller, Jr., 1874-1960*. 미국 최고의 부호인 락카펠라 패밀리의 막내아드님이시다. 그는 미국인 조각가이자 수집가인 조지 그레이 버나드 *George Grey Barnard, 1863-1938* 에 의해 수집된 중세수집품을 사들였고 본인의 수집품과 함께 모두 메트로폴리탄 미술관에 기증하였다. 이 기증품들이 현재 클로이스터스 미술관의 핵심 컬렉션을 이루고 있다.

미술관과 공원 부지, 약 4에이커 16,000m² 역시 그의 기부금에 의해서 준비되었고, 미술관에서 내다보는 허드슨 강 전망을 위해 미술관 맞은편 허드슨 강가의 몇 백 에이커도 같이 사주셨다고 하니 이 아름다운 전망이 그냥 나오는 것은 아니다 싶다. 완공된 미술관은 그 이름처럼 5개의 중세 클로이스터를 관람(회랑을 걸을 수 있으니 체험이라 표현함이 맞는 것 같다)할 수 있을 뿐더러 중세 수도사들이 기도하던 방, 채플 등이 아름다운 정원과 중세 미술품 등으로 어우러져 신비로운 분위기를 경험하게 한다.

미술관에서 바라보는 허드슨 강 전망

클로이스터스 미술관은 메트로폴리탄 미술관의 중세 미술 분관으로 9세기부터 16세기까지의 로마네스크, 고딕 작품 3000여 점을 소장하고 있다. 메트로폴리탄 미술관을 방문하고 당일 이곳 클로이스터스를 방문하면 입장료가 무료이다. 그래서 당일 메트로폴리탄 미술관에서 입장권으로 나누어 주는 색깔단추(메트는 입장티켓 대신 매일 다른 색의 색깔 단추를 준다)를 이미 옷깃에 꽂은 방문객들을 더러 볼 수 있다.

하지만 메트의 입장료는 말 그대로 권장금액 Pay as you wish 이라 성인권장 입장료인 20불을 내던지 1불을 내던지는 마음대로니 굳이 무슨 숙제하듯 하루만에 클로이스터스까지 마스터하려는 무리한 도전은 하지 않아도 된다. 게다가 클로이스터스까지의 여정은 꽤 긴 편이니 오전에 길을 나서는 편이 시간을 여유롭게 쓸 수 있다.

이보다 더 좋은 점심은 없다

클로이스터스로 오는 지하철 안에서 모닝 커피를 한잔 하고 이른 점심 무렵 '190th St.'역에 도착했다 치자. 역 오른쪽에 공원 입구가 보일 것이다. 보물을 찾은 듯한 설렘에 바로 뛰어가고 싶겠지만 일단 마음을 가다듬고 역 왼쪽으로 나있는 반대쪽 길을 따라 걸어보자.

지하철역 반대쪽 길

근처 델리 스토어

> 일종의 편의점. 샌드위치를 비롯해 샐러드, 스파게티, 피자류의 음식도 함께 판다.

그 길 양쪽으로는 조용한 아파트와 자그마한 성당들이 즐비해 있고 3-5분 정도 걷다 보면 올가닉 델리들이 눈에 들어온다. 커다란 미트볼이 아주 많이 들어간 토마토 소스 스파게티가 플라스틱 도시락 통에 담겨 있는 것이 먹음직스럽다. 고맙게도 이 도시락을 사면 음료를 같이 준다니 1+1은 한국 편의점에만 있는 건 아닌가 보다. 사람 좋게 생긴 음식 코너 아저씨가 뜨끈하게 스파게티를 데워준다.

스파게티에 대한 흥분인지 미술관에 대한 흥분인지 정확히 구분은 안 되지만 아무튼 아주 들뜬 마음으로 공원입구로 향해 본다. 길을 따라 쭉 걸어 들어가면 허드슨 강이 한눈에 내려다보이는 명당 자리가 분명히 보일 것이다. 그럼 자리를 잡고 상쾌한 풀 냄새를 코에 담고, 스르르 하는 바람소리는 귀에 담고, 보석 같은 강물의 반짝임은 눈에 담고, 새콤한 스파게티를 입에 담아 본다. 이보다 더 좋은 점심이 있을까.

포트 트라이온 공원 내 벤치에서 보는 전망

클로이스터스 미술관 갤러리 내부

　　미술관 내부에 들어서면 오래된 벽돌의 쾌쾌한 냄새가 코를 불편하지 않을 정도로 자극한다. 마치 더운 여름날 관리가 잘 안 된 지하주차장에 들어가는 느낌이랄까.

　　난 생각했다. 이 냄새는 중세냄새다. 클로이스터스 뿐만 아니라 본관인 메트로폴리탄 미술관 중세 갤러리에 들어서도 같은 냄새가 난다. 오래된 시간을 견뎌온 건축물과 이름 모를 조각가의 혼이 들어간 중세의 조각품들. 갤러리 안으로 자연스레 내려 쬐는 햇살은 조각품에 생명을 불어넣는 듯하고 다양한 각도의 빛을 통과시키는 스테인드글라스가 내뿜는 신비스런 빛깔은 마치 중세인들의 영혼을 어루만지는 듯하다.

　　중세 조각품을 보고 있노라면 마치 조각가의 생명을 깎아서 돌에 불어넣은 듯한 느낌을 받게 된다. 종교가 곧 삶의 모든 것이었던 그 시절, 삶과 죽음을 관장하는 신비스런 힘이 중세 미술품에는 고스란히 살아있다. 현재에는 소멸되고 있는 고귀함과 성스러움, 현세의 목숨보다 귀중한 그 어떤 것이 이곳에는 있는 것 같다. 비록 종교적 관점이 다르다 할지라도 정교하기 그지없는 조각들을 보고 있노라면 그 시대 사람들의 신념을 느낄 수 있다.

이 작품은 떡갈나무로 만들어진 15세기 후반 중세 독일의 조각품으로 성모 마리아의 죽음을 기리고 있다. 동방 교회의 전승에 의하면 성령 강림 이후 성모 마리아는 예루살렘에 있는 사도 요한의 집에서 지내고 있었다 한다. 그러던 어느 날 대천사 가브리엘로부터 3일 후에 죽음을 맞을 것이라는 예고를 듣게 되었고, 이에 복음을 전파하기 위해 뿔뿔이 흩어져 있던 사도들이 모여 그녀의 임종을 지켰다고 전해진다. 다만 사도 토마스만이 지체하여 여기서 유일하게 제외되었다.

「성모의 죽음」
The Death(Dormition) of the Virgin
독일 쾰른 지방
떡갈나무, 160 x 187.3 x 43.8cm
15세기 후반, 클로이스터스 미술관

토마스는 불행히도 성모가 죽은 후 3일이 지나고 나서야 도착했고, 작별 인사를 하기 위해 부랴부랴 겟세마니에 있는 그녀의 무덤으로 달려갔다. 그곳에서 토마스는 성모가 하늘나라로 승천하는 것을 보게 되었는데, 그때 그녀는 자신의 허리띠를 풀어 토마스에게 주고는 사라져버렸다고 한다.

성모의 죽음을 지키지는 못했지만 토마스는 성모 승천을 목격할 수 있었으니, 그에게는 오히려 잘된 일이 었는지도 모르겠다. 그리스도가 부활하셨을 때 옆구리에 손을 넣어보고야 겨우 믿었던 토마스도 이번에는 두말 못했을 것 같다. 아마 보지 않고는 믿지 않는 토마스의 성정을 파악하신 어머니 마리아의 배려(?)셨을까 혼자 생각해본다.

이 「성모의 죽음 The Death of the Virgin」은 원래 양쪽으로 '동방박사의 예배 Adoration of the Magi'와 '성모탄생 Birth of the Virgin' 장면이 조각된 날개가 부착되어 있었지만, 현재 날개 부분은 암스테르담의 레이크스 미술관 Rijksmuseum에 소장되어 있고 클로이스터스에서는 성모의 죽음 장면만 전시되고 있다.

　조각은 보는 각도에 따라서 그 느낌이 완벽히 달라진다. 게다가 자연광의 도움을 얻어 조각에 빛과 어두움이 더해진다면 그 조각은 더 이상 조각이 아닌 살아 숨 쉬는 영혼으로 둔갑한다.
　우연인지 필연인지 이 작품을 바라보는 그 순간 오후의 햇살은 미리 계획이라도 한듯 숨이 끊어진 성모의 얼굴에 죽음의 그림자를 드리웠고, 이로 인해 그를 애도하는 10명의 사도들의 표정들은 극대화되었다. 원래 채색이 되었던 조각품이라 빛이 비춰지니 과거의 색이 연하게 드러나는 듯했다. 세월의 흔적으로 잊혀 버린 어느 이름 모를 장인의 노력을 치유라도 하는 것일까. 스테인드글라스의 색을 입은 햇살은 그 어떤 물감의 색보다 아름다운 색을 만들어내고 있었다.

클로이스터스의 빛

「피에타Pieta」, 독일 슈바벤 지방
나무에 채색, 88.9 × 96.5 × 43.2cm
1435-1440년, 클로이스터스 미술관

이 작품은 미술관 지하에 전시되어 있다. 1층이 중세수도원의 분위기를 성스럽게 연출(?)했다면 지하 전시실은 전시실의 성격이 강하다. 일렬로 전시된 조각품들과 삼면화, 적당한 조명과 조각품을 올려놓은 대리석의 제단 등은 영락없는 전시관이다. 쓱 둘러보고 나가려는데 갑자기 심장을 묵직한 무엇인가로 눌렸을 때 들 것만 같은 찌릿함이 전해져 왔다. 숨이 끊어진 예수의 몸을 무릎에 뉘이고 그를 한없이 슬프게 바라보는 마리아의 표정은 Pieta 영어로 pity 그 자체였다.

'피에타'는 이탈리아어로 '연민'이라는 뜻이다. 우리에게 가장 잘 알려진 피에타 작품은 역시나 르네상스 대표 조각가 미켈란젤로의 피에타다. 중세미술과 르네상스 미술은 그 성격을 확실히 달리한다. 인간의 아름다움은 안중에도 없이 그저 종교와 신의 영광만을 추구했던 중세예술을 비웃으며 르네상스 미술은 인간의 육체로 표현할 수 있는 최고조의 아름다움을 추구했다. 아름다운 미켈란젤로의 피에타는 피에타가 표현할 수 있는 최고조의 아름다움이다.

하지만 클로이스터스에서 내가 본 피에타는 아름다움이라기보다는 고통이었다. 물 흐르듯 매끄러운 대리석의 질감도 없었고 죽음을 초연하게 바라보는 젊고 아름다운 마리아의 모습도 찾아볼 수 없었다. 클로이스터스의 중세 피에타는 인간의 미를 표현하기 위해서 제작된 것이 아니었다. 고통에 일그러짐을 마다하지 않으며 오로지 신을 향한 묵상을 위해 제작된 중세미술의 결정체인 것이다.

피에타

피에타의 기원

이왕 중세 피에타를 이야기한 김에 클로이스터스에 소장된 피에타상 중 가장 이른 시기에 제작된 독일 피에타상을 통해 피에타라는 주제의 기원을 이야기해보자. 단순히 피에타의 기원이 이렇다고 말하기에는 그 배경에 깔린 중세의 역사와 사회 그리고 종교적 관점이 너무 복잡하여 어려움이 있지만 가장 함축적인 예로 중세의 신비주의자들에게서 피에타의 기원을 찾아볼 수 있다.

사실 피에타는 그리스도의 수난극에 등장하는 역사적 이야기는 아니다. 그리스도가 십자가에 못 박히시고, 십자가에서 강하하시고, 매장되심과 같은 수난극의 주제는 성서에 의해 역사적 근거를 가짐에 비해 피에타는 쉽게 말해 이런 수난극의 장면을 숭배했던 일부 신비주의자들의 상상에서 비롯된 것이라 할 수 있다. 중세 신비주의자들은 그리스도의 수난극에서 특정 장면이나 심지어는 특정 순간을 강렬하게 묵상하여 그들 스스로가 그리스도의 고통에 동참되기를 희망했다고 한다. 그들은 이런 장면을 묵상하면서 성모가 아들의 시신을 무릎에 누이고 애통해하는 모습을 심안으로 보기 시작했고, 이를 시작으로 피에타라는 조각상이 독일에서 가장 최초로 제작되었다. 그리고 이후 대중의 호응과 함께 강력한 숭배의 표상이 되었다.

클로이스터스에 소장된 가장 이른 시기의 피에타를 살펴보면 죽음으로 굳어진 그리스도의 몸에는 수난의 흔적이 보이며, 강렬한 슬픔으로 경직된 마리아는 부자연스러운 모습이다. 고통으로 인해 벌려진 건조한 입, 앙상하게 그 모습을 드러낸 갈비뼈, 움푹 들어간 뱃가죽과 유혈의 상처들은 보는 이의 마음을 짓이겨놓아 회개에 이르게 한다. 초기 독일 피에타는 얼마나 사실적으로 그리스도의 냉혹한 고통을 표현했는가로 그 특징적 양식을 정의할 수 있다.

미켈란젤로 Michelangelo Buonarroti, 1475-1564
「피에타 Pieta」
대리석, 174 x 195cm
1498-1499년, 성 베드로 성당, 바티칸

「피에타 South German Pieta」
나무에 채색, 132.7 x 69.5 x 36.8cm
1375-1400년, 클로이스터스 미술관

겨울 클로이스터스 미술관

겨울 클로이스터스,
그리고
New Leaf 레스토랑

클로이스터스 미술관은 여러 가지 색깔이 있다. 철마다 그 색을 달리하는 미술관은 사시사철 그 매력을 달리한다. 봄은 봄내음으로 여름은 녹음으로 가을은 단풍으로 그리고 겨울은 순백의 아름다움으로 당신을 초대한다.

겨울 클로이스터스로 가는 여정에 따뜻한 커피 한잔이 생각난다면 공원 내에 위치한 'New Leaf' 레스토랑을 추천한다. 클로이스터스로 가는 길목에 위치한 이 레스토랑은 주위 자연과 어우러져 한 폭의 그림과 같은 곳이다. 브런치를 시작으로 점심, 저녁을 다 즐길 수 있고, 바에 앉아서 간단히 음료를 마실 수 도 있다. 조용한 자연 속에 위치한 이곳의 특성 때문에 약혼식이나 결혼식의 장소로도 이용되기도 한다.

New Leaf 레스토랑

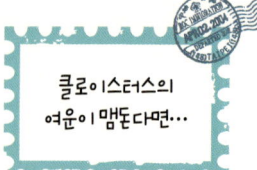

클로이스터스의
여운이 맴돈다면…

클로이스터스 여행은 강한 여운을 남긴다. 중세의 신비로운 기운이 전염이 된 듯해서 왠지 모르게 발걸음이 조심스러워진다. 중세의 분위기에 흠뻑 젖어버려 일상의 당신으로 돌아가기가 꺼려진다면 그 여정을 좀 연장할 수 있는 곳이 있다.

클로이스터스 '190th St.'역에서 A트레인을 타고 다시 맨해튼 다운타운방향으로 향한다. '168th St.'역에서 다시 1번 트레인으로 트랜스퍼를 하여 'Cathedral Pkwy^{110th St.}'역에서 하차한다. 동쪽으로 한 에비뉴를 걷다보면 112가^{112nd Street}에 자리한 대성당이 보이기 시작한다. 사도요한^{St. John the Evangelist}에게 바친다 하여 'Cathedral of St. John the Divine'이라는 이름을 가진 세계에서 가장 큰 대성당^{Cathedral}이다.

고딕과 로마네스크 스타일로 지어지고 있는 건축물로 초석은 1892년에 놓여졌고 현재 3분의 2정도가 완공된 상태이다. 착수단계에서 80개의 설계를 물리치고 당당히 두 사람의 건축가, 조지 헤인즈^{George Heins}와 크리스토퍼 그랜트 파파제^{Christopher Grant Fafarge}의 설계가 채택이 되었고 이들을 시작으로 이 기나긴 공사가 시작되었다. 공사는 100년에 걸쳐 진행되었다. 그러던 중, 2001년 12월에 난 화재로 북쪽 트랜셉트^{transept, 십자형 교회의 좌우 날개부분}에 손상을 입고 성당 건축이 잠시 중단되었다.

복구 작업을 진행하고는 있지만, 경제적 부담과 화재로 인한 여파로 적극적인 활동은 이루어지고 있지 않다. 성당 곳곳에서 버려진 듯한 건축공사의 잔재가 눈에 띄어 아쉬웠지만 실로 아름다운 성당이다.

Cathedral of St. John the Divien

성당 내부

성당 외부

　중세의 성당들은 신앙과 교리의 승리를 나타내는 표시로 자신들의 성당을 이웃 도시들의 성당보다 보다 찬란하고, 보다 방대하며, 보다 빛나게 세웠다고 한다. 그리고 순례를 중요한 신앙 행위로 여겼던 중세인들은 성인의 유물을 모신 아름다운 성당으로 향하는 길이 아무리 험할지라도 구원의 지름길이라 생각하며 기쁘게 길을 떠났을 것이다. 그런 중세 신앙인들의 마음을 시샘이라도 한 것일까. 뉴욕에 지어지고 있는 이 성당은 세상 어느 성당보다도 더 크고 아름다워지려 하고 있었다. 중세의 순례자들은 아니지만 현재의 뉴욕 방문객들은 중세 순례행렬에서는 동원되지 않았던 관광버스를 타고 이곳으로 향하고 있다.

부록.

뉴욕미술관 입문하기

1. 지원부서 파악하기
2. 영문 레쥬메 쓰기
3. 영문 에세이 쓰기
4. 추천서 받기
5. 영어 인터뷰
6. 영어가 관건이다

뉴욕현대미술관과 메트로폴리탄 미술관발 들여놓기

모마에서 일하다 보면 가끔 사진을 함께 찍어달라는 요청을 받기도 한다. 물론 거의 한국인 관광객들이다. 특히 청소년을 자녀로 두신 한국인 부모님께는 모마 현장에서 일하는 나의 모습이 사뭇 좋아 보이시는 것 같다.

"저기 한국인 언니랑 사진 찍을까?"

내가 매일같이 드나들며 배우고, 사랑하며, 일하는 모마. 어느 순간부터 일상이 되어 버린 모마가 세계의 많은 미술학도들에게는 꿈이자, 한번 가보는 것이 소원이라는 생각을 하면 그저 감사하다. 나에게도 모마는 꿈이었고 지금도 꿈이다. 꿈은 이루어질 가능성이 있기에 꿈이고, 그 꿈의 현장에는 분명 나와 같은 꿈을 꾸던 이들이 더 이상 꿈이 아닌 현실과 마주하고 있기에 나 역시 꿈으로만 이 미술관을 내버려 두기에는 억울하다.

앞서 말했듯이 내가 태어나서 처음 가본 미술관은 파리의 루브르 미술관이다. 미술과는 거리가 멀었던 나의 어린 시절은 놀이동산은 방학 때마다 의무적으로 갔지만 미술관은 사정거리에 없던 낯선 곳이었다. 스무 살이 넘도록 미술관 한 번 제대로 가본 적 없던 내가 처음 가본 미술관이 루브르 미술관이라니, 지금 생각해도 신기하다. 파리여행에 루브르 사진 한 장 없어서 되겠냐며 찾아간 그곳에서 인생항로를 바꾸어도 좋겠다는 내 평생 처음의 용감한 결정을 하게 되었다. 그 결정은 나를 뉴욕으로 이끌었고, 뉴욕에서 미술사학을 공부하던 학창 시절 내가 유일무이하게 알고 드나들었던 미술관이 바로 모마였다.

서양인들의 습관들 중 가장 좋아 보이는 것은 아무 곳이나 주저 없이 주저앉는 그들의 자유분방함이다. 제도권의 진두지휘 아래 만들어진 우리 미술관의 딱딱함과는 달리 모마에는 자유로움이 있다. 그리고 그 자유로운 곳에 어울리는 주저앉은 사람들이 있다. 미술을 즐기고자 한다면 나는 당신에게 미술관에서 주저앉기를 권유한다. 미술관은 숭배하고 찬양해야 할 대상이 아니다. 즐기고 사랑해야 할 대상이다. 모마가 꿈이라면 꿈을 숭배하고 찬양하기보다는 사랑하고 즐기는 게 그 꿈에 한 발자국 더 빨리 다가가는 방법이 아닐까 생각해 본다.

아무튼 꿈으로 시작한 나의 모마 사랑은 나를 모마의 자원봉사자로, 인턴으로, 그리고 직원으로 이끌어 주었고 그 과정에서 만난 좋은 사람들과의 인연으로 메트로폴리탄 미술관에서도 일을 해볼 수 있었다. 지금도 나는 나의 꿈의 데스크를 위해 노력한다. 루브르 박물관에서 미술을 해야겠다는 결심을 하던 그 순간부터 시작된 나의 미술여정은 언제나 감사했고 즐거웠고 신났다. 많이 부족하고 아직도 가야 할 길이 굽이굽이 남은 나이지만 혹시 나의 신나고 즐거웠던 미술여정 길목길목의 작은 스토리들이 이제 갓 미술 사랑을 시작한 이들에게 도움이 될지도 모른다는 생각으로 부록을 덧붙인다.

세계는 넓고 갈 곳은 많다.
세계를 주 무대로 주눅 들지말고 도전해보자!

작품을 만드는 미술가라면 자신의 작품이 세계적인 미술관에서 전시되기를 꿈꾸듯 미술을 학문으로 공부하는 나 같은 미술사학도들은 그런 세계적인 미술관에 모닝커피를 급하게 한 모금 마시면서 직원카드를 삑- 하고 그으며 출근하는 즐거운 상상을 하곤 한다. 미술관에 어떻게 들어가는지도 몰랐던 내가 어느덧 뉴욕의 유명미술관인 뉴욕현대 미술관 직원이 되기까지 수도 없이 그런 멋진 내 모습을 상상했고 꿈꿔왔다. 바라보는 대로 이루어지고 이루어진 것처럼 행동하라고 했다. 'He can do it, She can do it, Why not me? 그도 하고 그녀도 하는데 나라고 왜 못해?'는 남의 이야기가 아니다. 오늘부터 'why not me?'를 외치며 도전해보자. 나라고 세계적인 미술관에 근무 못하라는 법 있나?

내가 처음 모마를 알게 된 건 학교복도에서 학생증만 있으면 모마에 공짜로 들어갈 수 있다는 대화를 우연한 기회에 듣게 되면서부터였다. 진짜? ID만 있으면 그 대단한 미술관에 그냥 들어갈 수 있어? 반신반의한 마음으로 그러려니

하고 넘겨버렸다. 미술사를 공부하기로 마음먹고 들어온 헌터 칼리지는 맨하탄 68가에 위치하여 있고, 53가의 모마와는 지리적으로 너무도 가까웠지만 이상하게도 쉽게 미술관의 문을 두드리지 못했다.

전형적인 주입식 한국교육을 받은 나는 모르면 찾아가서 알고자 하는 적극적인 배움의 방법을 알지 못했고 그 당시까지도 그저 학교 수업을 통해 주어진 것들만 줄줄이 암기해서 A 정도는 받아내는 모범적인 동양인 학생이었기 때문이었다. 미술관은 내게 왠지 모르는 두려움의 대상이었다. 아는 것도 없는데 거기 가서 뭘 해? 내가 들어가도 될까? 미술관은 멋진 사람들이 멋진 옷을 입고 대단한 미술적 지식을 가지고 우아하게 걸어다니는 곳이 아닌가? 미술관에 대한 잘못된 인식이란 인식은 다 가지고 미술공부를 하겠다고 덜컥 결정해버린 나는 내가 가진 편견을 깨기까지 좀 오랜 시간을 허비했다.

미술사 수업을 듣다 보면 나를 제외한 대부분의 학생들은 수업시간에 거침이 없다. 영어가 모국어가 아닌 난 그저 '저렇게 빨리도 영어를 말할 수 있구나!' 탄복을 하며 눈에 띄지 않는 강의실 한쪽 구석에 조용히 앉아 구경만 했다. 아무리 입을 다물고 있어도 한국과는 달리 지목해서 질문을 하지 않는 배려 깊은(?) 교수님들 덕에 수업 내내 긴장하는 일은 없었지만 그리 편한 마음은 아니었다. 아니 오히려 가시방석이었다. 난 왜 이렇게 멍청하게 앉아만 있지? 열심히 떠들어대는 학우들은 사실 영어만 잘한다 뿐이지 알고 보면 별 대단한 의견을 내는 것이 아닌데. 이런 고뇌 아닌 고뇌를 하다가 내가 내린 결론은 좀 더 배워보자였다. 학교에서 배우는 내용은 한계가 있었고 미술잡지와 미술서적을 국어책 읽듯이 읽는 서양친구들과 비교했을 때 나의 지식수준은 초등학생 수준이 아닐까라는 자책 끝에 내린 결론이었다.

이리저리 알아보던 중 뉴욕대학교 New York University에서 여름방학동안 예술행정 Arts Administration 전문가과정이 있다는 것을 알게 되었다. 전문가과정이라 하지만 한국말로 번역해서 듣기 좋게 붙인 타이틀이지 사실 평생교육원에서 자격증 하나 따는 것이라고 생각하면 정확하다. 하지만 예술의 메카 뉴욕, 그리고 뉴욕대학교에서 수강한다는 사실이 나를 좀 들뜨게 했다. 여름방학 집중과정은 정해진 커리큘럼을 단기간에 수강해서 수료증을 빨리 받을 수 있다는 장점이 있지만, 개인의 기호에 맞는 다양한 수업을 선택할 수 없다는 단점이 있다. 뭐 찬밥, 더운밥 가릴 처지가 아니었던 나는 수업 등록을 강행했다.

이 과정을 통해 현직에서 일하는 전문인들의 노하우와 전반적인 예술행정에 대해 배울 수 있었다. 내가 듣게 된 수업은 예술매니지먼트 Managing the Arts, 예술 마케팅 Marketing the Arts, 예술기금마련 Fundraising for the Arts, 예술 재정 매니지먼트 Financial Management for the Arts, 예술시장의 법과 윤리 Law and Ethics in the Art Market로 모두 5과목이었다. 영어도 잘 알아듣지 못하던 내가 뉴욕 예술시장 베테랑들의 억센 발음과 스피드를 따라잡기에는 무리가 있었지만, 한 가지 획기적인 수확은 '뉴욕 타임스 New York Times'를 접하게 되었다는 것이다. 마케팅 수업을 강의하던 선생님은 우리에게 '뉴욕 타임스'의 예술섹션을 읽어 오도록 하여 수업시간마다 발표를 시켰다. 울며 겨자 먹기로 한국에서도 잘 읽지 않던 신문을 정기구독하기에 이르렀다.

예술섹션에 매일 소개되는 내용들은 나에게 수업 이상의 신선한 미술정보를 주었다. 세계적인 전시의 소식들, 뮤지컬, 발레 등의 공연소식. 더 놀라운 것은 내가 있는 뉴욕 맨하탄에서 이 모든 것들이 다 이루어지고 있다는 것이었다. 굵직 굵직한 전시들은 모마 아니면 메트로폴리탄에서, 보고 싶은 공연은 브로드웨이의 극장들 아니면 링컨센터 혹은 카네기홀에서 대부분 이루어지고 있었다. 그제야 내가 얼마나 소극적이고 답답하게 미술공부를 해왔는지를 깨달으며 모마로 메트로폴리탄으로, 링컨 센터로 달려갔다. 그때부터 화선지에 불붙듯이 타오른 나의 모마 사랑은 모마 없는 내 인생이 어떻게 존재했었나 싶을 정도로 그 시절 내 인생의 큰 자리를 차지하게 되었다.

이렇게 모마에 들어서기까지도 돌아돌아 온 내가 문을 들어섰다고 해서 처음부터 자신감 있게 미술관을 휘젓고 다닌 것은 아니다. 한동안의 탐색기가 있었고, 그러는 동안 내가 발견한 것은 모마에는 유난히도 주저앉아 있는 사람들이 많다는 것이었다. 외국 영화를 보면 서점 바닥에 털썩 주저앉아서 책을 보고 있는 사람들의 모습이 종종 등장한다. 뭐 서점은 그렇다 치자. 그런데 차가운 미술관 바닥에도 삼삼오오 앉아 있는 사람들이 보였다. 역시 미국인들이다.

이런 자유로운 분위기 탓일까. 왠지 모마는 친근했다. 미술관에 대한 잘못된 인식을 가진 내가 보기에도 'Welcome everyone!'이 들리는 듯했다. 모두가 방문하고 모두가 즐기는 곳이 미술관이라는 것을 알게 된 그 순간 나는 'Thank you'를 외치며 모마를 배우고, 즐기고, 행복해하기 시작했다.

인종의 도가니라는 수식어답게 뉴욕에는 많은 인종이 살며, 그 덕분에 세계의 음식, 문화 등을 다양하게 즐길 수 있다. 미술도 예외가 아니어서 거리를 지나다 보면 다양한 나라의 문화를 소개하는 문화센터 및 미술관을 어렵지 않게 찾을 수 있다. THE뉴욕현대 미술관은 물론이거니와 THE메트로폴리탄 미술관, THE구겐하임 등은 감히 'THE'자를 빼고 열거하기가 송구스러운 대단한 미술관들이라는 사실은 이미 잘 알려져 있다. 이외에도 휘트니 미술관, 뉴뮤지엄, 노이에 갤러리, 프릭 컬렉션, 클로이스터스 미술관, 브루클린 미술관 등의 굵직하고 개성 강한 미술관들도 뉴욕을 찾는 관광객과 뉴요커들에게 많은 사랑을 받는 곳들이다.

그런데 이런 멋진 미술관에 가보기만 해도 행복하다? 정말 가보기만 해도 충분히 행복한 것일까? 가보는 것도 물론 행복하지만 이왕이면 이런 미술관에서 열심히 한번 일해보고 싶은 마음도 든다. 미술을 마음껏 사랑하고 서로를 존중하고 존중 받는 것이 마땅한 멋진 환경에서 나도 그들처럼 일해보고 싶었다. 이런 마음이 들고서부터는 모마를 드나드는 내 발걸음이 조금 신중해졌다. 좀 더 꼼꼼히 미술관 웹사이트를 둘러보기 시작하면서 본격적인 뉴욕미술관 발 들이기 프로젝트는 나도 모르는 사이에 시작되고 있었다.

1. 지원부서 파악하기 _ 지원자는 나만이 아니다!

나를 알고 적을 알면 백전백승이라는 말이 있던가. 나는 나를 잘 알고 있었다. 나는 백인 젊은 여성들이 절대적으로 선호하는 분야인 미술에 뛰어들었다. 말하기와 쓰기가 관건인 이 분야에서 영어가 모국어도 아니고 그렇다고 특출 나게 영어를 잘하지도 못했다. 학교도 뉴욕대학교나 콜롬비아대학 등의 사립대학에 비해 그저 평범했다. 그렇다고 미술서적을 파고들어 인터뷰를 할 때 유창한 지적 능력을 뽐낼 수가 있나? 그것도 아니었다. 소위 스펙이 없었다. 무언가는 하나 있겠지. 나도 여간 결심으로 시작한 게 아닌데 이렇게 없나? ……. 없었다. 그런 생각에 며칠은 우울했다. 에이, 일단 가서 생각하자. 모마로 향했다.

입구에 들어서자마자 티켓을 사려고 줄을 서 있는 무리를 과감히 통과하고 인포메이션 데스크에서 공짜 티켓을 받았다. 시간은 11시 20분. 11시 30분에 시작하는 갤러리 토크를 들으면 되겠구나 하며 2층 아트리움으로 발걸음을 옮겼다. 벌써 모인 참가자들에게 할머니 한 분께서 컬러스티커를 나누어 주고 계셨다. 이런 분들은 대부분은 모마의 자원봉사자들이다. 연세가 지긋하신 분들이고 주로 뉴욕토박이들이시라 자존심이 여간이 아니다. 게다가 은퇴 후 모마에서 봉사를 하며 시간을 보내는 분들이라 미술관 화장실에 칸이 몇 개인지도 아실 정도로 미술관 구석구석 소식에 발이 빠르시다.

보통 때는 그저 오늘 렉쳐러가 누구인지가 더 궁금해서 갤러리 토크 진행을 도와주는 자원봉사자의 존재는 신경도 쓰지 않았을 터인데 그날따라 좀 그분들이 달리 보였다. 어차피 미술관에 하루가 멀다 하고 드나들고 있었고 당시 나의 주관심사는 갤러리 토크였다. 갤러리 토크를 통해 배울 수 있는 것들이 정말 무궁무진하였기에 11시 20분이 한동안 모마로의 내 출근시간이나 다름없었으니 말이다. 봉사자가 되면 미술관에서 일도 하면서 갤러리 토크도 참여할 수 있으니 일석이조다 싶었다.

Tip 모마 자원봉사 지원

'뭐 고작 자원봉사 지원하는 게 대수인가?'라고 생각하면 큰 기회를 놓치게 된다. 내가 가장 놀란 것은 모마의 자원봉사자를 뽑는 과정은 타 부서의 직원을 뽑는 과정과도 다름이 없다는 것이었다. 물론 자격요건이나 인터뷰내용은 다르겠지만 절차는 상당히 비슷했고, 이 경험을 토대로 향후 다른 인터뷰에 담대해질 수 있었다.

자원봉사를 지원할 때 가장 중요한 것은 인내심이다. 앞서 언급했듯이 은퇴하신 뉴욕 토박이 할머니들이 소일거리로 가장 선호하는 자리이기에 지원했다고 바로 연락이 오는 것도 아니고, 약간의 운도 필요하다. 만약 뉴욕에서 유학을 하거나 계획 중이라면 뉴욕주소와 전화번호가 확보되는 대로 지원해 놓고 기다리는 것이 좋다. 목 빠지게 기다리다 보면 연락 오기까지 시간이 더 길게 느껴지니 이건 덤이다 생각하고 맘 편히 지원해보길 권한다.

지원을 한 후, 내 기나긴 기다림은 시작되었다. 어떤 이들은 1년을 기다려 연락이 왔다고도 하고 어떤 이들은 바로 연락이 왔다고도 한다. 난 특출난 능력이 있어 바로 연락이 온 케이스는 아니었다. 하지만 그렇다고 그리 오래 기다리지도 않았다. 운 좋게도 〈팀 버튼 Tim Burton〉전이 기획되었고, 이 인기 있는 전시를 예상해 50명의 추가 자원봉사자를 뽑는 일이 생긴 것이다.

Thank you for coming
Not at all, thank you for inviting

인터뷰를 할 의향이 있냐고 미술관에서 이메일이 왔다. 언제 언제가 비어 있으니 원하는 날짜와 시간을 통보해 달라는 정중한 편지였다. 역시 모마다. 시작부터가 달랐다. 무급인턴이나 도슨트를 마구잡이로 부려 먹는 사설 갤러리나 몇몇 미술관과는 확연히 달랐다. 안 뽑힌다 하더라도 그냥 인터뷰 자리에 한번 가보는 것만도 좋겠다는 생각이 드는 편지였다. 부랴부랴 팀 버튼 영화를 몇 편 보고, 예상 질문 몇 가지도 뽑아보았다. 드디어 인터뷰 날! 그날따라 차는 왜 이리 막히는지. 내 인터뷰 징크스가 시작되는 날이었다.

모마와의 세 번의 인터뷰, 메트로폴리탄과의 한 번의 인터뷰 모두 우여곡절 끝에 촌각을 다투며 약속시간을 간신히 맞추거나 혹은 늦곤 했다. 인터뷰에 늦다니 떨어진 거나 다름없다 생각하여 마음을 비우고 인터뷰에 응해서인지 그럴 때마다 결과가 좋았다. 아무튼 그날도 늦어서 헐레벌떡 들어섰다. 그런데 이게 웬일? 불행 중 다행으로 내 앞순서에 인터뷰를 했던 낸시라는 지원자가 감사히도(?) 말이 좀 많은 분이셨던지라 인터뷰가 늦게 끝났다고 했다.

오히려 나에게 미안해하면서 자원봉사부서 매니저가 처음으로 건넨 말은 "Thank you for coming 와 주어 감사합니다."이였다. "Not at all, thank you for inviting 무슨 말씀이세요. 초대해 주셔서 감사합니다." 나는 이렇게 답했다. 너무 신이 났다. 자리가 사람을 만든다고 했던가. 영화를 좋아하고 영어를 좋아했던 나는 영화 속 주인공들이 이런 말을 할 때마다 영어의 매너에 감탄을 했다. 언젠가 나 또한 이런 대답을 할 때가 분명히 오리라 생각하고 고대했는데 바로 그 순간이 온 것이다. 내 순발력과 센스에 혼자 탄복을 하며 기분 좋게 인터뷰를 시작했고, 시작이 좋아서인지 인터뷰 내내 매너 있는 내가 될 수 있었다.

Why do you think you are qualified for this position?
이 자리에 당신이 적당하다고 생각되는 이유를 말씀해 주시겠어요?

헉! 예상 못했던 질문이었다. '그건 미술관에서 결정해야 되는 것이 아닌가요?'라고 반문하고 싶었지만 일단 마음을 가다듬고 말을 이어나갔다. 이 질문은 아마 모마의 공식질문이 아닐까 생각한다. 후에 인터뷰를 할 때마다 이 질문은 반복되었다. 음, 이유가 뭐지? 에라이 모르겠다. 잘난 척 한번 해보자.

"첫 번째 이유는 저는 웃는 얼굴이 예쁩니다."

뭐? 이런 낯간지러운 소리를 내 입으로 하고 있는 거야? 믿을 수가 없었다. 아마 초등학교 이후 들어본 일이 없던 말일 텐데 긴급한 상황이 되니 매일 들었던 말처럼 술술 튀어나왔다. 다른 딱딱한 인터뷰였다면 썰렁하다 못해 냉각기를 돌리는 꼴이 되었을 테지만 그녀는 웃어주었다. "Oh, yes. You do have a lovely smile. That's very important qualification of a volunteer네, 정말 사랑스런 스마일이네요. 자원봉사자로 아주 중요한 요건이죠." 이런 말도 안 되는 대답에 응해주다니.

그리고 나는 시종일관 내가 얼마나 모마를 사랑하고 어떤 다각도의 방법으로 미술관을 즐기고 그것에 얼마나 감사한지를 말했다. 그리고 기회가 주어진다면 그 기쁨을 다른 이에게 전하고 싶다고 했다. 틀에 박힌 말이었지만 난 진심이었다. 진심을 알아주었을까? 며칠 후 연락이 왔고 나는 팀 버튼전 단기 자원봉사자로 모마에 정식으로 발을 내딛었고, 후에는 미술관측에서 장기봉사자로 남아 달라는 요청을 받는 모범 봉사자가 되었다. 그리고 말 많았던 낸시와는 둘도 없는 좋은 친구가 되어 봉사하는 내내 친하게 지냈다.

Tip 모마 인턴 지원

모마 홈페이지를 방문하면 인턴십에 지원이 가능한 부서들의 리스트를 볼 수 있다. 이 부서들은 시즌마다 조금씩 다르다. 인턴 지원시기가 가까워져 오면 모마 인사부는 전 부서에 공문을 보내어 인턴이 필요한 부서 신청을 받는다. 미술관의 주요 부서들은 별 변동사항이 없지만, 가끔은 리테일Retail 부서, 모마 스토어 상품 판매 개발 부서 같은 곳에서 인턴을 뽑기도 한다. 가장 경쟁률이 센 부서가 어디인지 면밀히 분석할 필요가 있다. 큐레이팅 부서에 가고 싶은 것은 미술사학도들 모두의 바람이지만 그 바람이 준비되지 않은 자에게는 이루어지지 않는다는 것을, 슬프게도 우리는 알고 있다.

Curatorial Affairs

쉽게 말해 큐레이터들이 일하는 부서이다. 미술공부를 하니까 큐레이터가 되어야지 하며 순진한 접근을 했다가는 퇴짜 맞기 십상이다. 이 큐레이터들이 일하는 부서는 세부 여덟 개의 부서로 나누어져 있다. 부서의 특징을 면밀히 파악해서 내가 미술사학을 공부한다는 사실 말고도 어필할 수 있는 나만의 경험이나 특출난 관심이 있는지 생각해 보아야 한다. 세계 곳곳에서 지원하는 수많은 미술사학도들 중에서 왜 나인지를 분석해보라.

Education and Research Support

미술관 교육이나 도서관 관련 업무를 수행하는 부서이다. 세부적으로는 교육, 아카이브, 그리고 도서관 부서로 나누어진다. 교육부서는 방문객과의 소통이 중요한 부서이다. 생활영어나 즉흥적인 임기응변이 좀 필요한 부서이니 활동적이고 적극적인 성격이면 도움이 될 것 같다. 아카이브 부서는 미술관의 역사적 기록들을 정리, 보존, 보급하는 부서이며 도서관은 말 그대로 도서관이다.

Exhibitions and Collection Support

전시와 미술관의 작품 컬렉션을 지원하는 부서이다. 세부부서로는 Conservation^{작품보존}, Exhibition Program^{전시가 이루어지기까지의 필요한 행정}, Collection and Exhibition Technologies CE-Tech^{미술관 컬렉션 데이터베이스를 관리하고 전시 관련 인포메이션과 프로젝트 관리}, Collection Management and Exhibition Registration, CMER^{작품 패킹과 배송, 보관을 비롯한 보험관련업무} 등의 부서로 나뉜다.

External Affairs

미술관이 운영될 수 있도록 자금을 마련하는 부서라 생각하면 된다. 전시기획과는 직접적인 관련은 없지만 미술행정이 어떻게 이루어지는 것인지를 현장에서 배울 수 있다. 세부부서로는 Development^{미술관의 각종 기금 마련업무}, Membership^{멤버십 유치} 등이 있다. Development 부서는 또 다시 Foundations^{재단기부}, Corporate^{기업기부}, 그리고 Government^{정부보조}로 나누어진다. 내가 근무했던 부서는 기업기부를 유치하는 Corporate Membership 부서였다.

Corporate Membership

뉴욕에 베이스를 둔 대부분의 굵직한 기업들은 모마에 일정금액 기부를 하고 그로 인해 그들의 기업이미지를 상승시키거나, 직원들에게 문화적인 혜택을 주기 위해 멤버십에 가입한다. 우리나라의 대표적인 기업으로는 현대카드가 있다. 현대카드는 모마의 굵직한 전시를 후원하는 중요한 기업멤버이다. 덕분에 현대카드를 소지한 모든 고객들은 입장권을 무료로 받는 혜택을 누리게 된다. 무료티켓에 대한 소문은 빠르게 한국인들 사이에 퍼졌고 나중에는 현대카드를 가진 외국인들도 심심찮게 등장했다.

모마의 개발 *Development* 부서는 2주에 한 번씩 전체 미팅을 한다. 어림잡아 팀원이 30명은 족히 되는 것 같다. 이들이 모여 2주 동안의 업무내용을 서로 교환하고 계획을 세운다. 보통 인턴들은 잘 참여하지 않는 미팅인데 매니저는 나를 꼭 데리고 가곤 했다. 고맙긴 한데 인턴이 뭘 아나. 덜덜 떨면서 발표를 했던 기억이 난다. 미팅 첫날이었다. "We have a very lovely intern in our department, Aram, why don't you introduce yourself?" *우리 부서에 좋은 인턴이 들어왔어요. 아람씨, 자기소개 해 볼래요?* 윽, 30명의 직원이 쳐다보는데. 굳이 나 소개 안 시켜줘도 되는데…….

하지만 사실 고마웠다. 다른 어떤 부서 인턴에게도 자기소개 시간은 주어지지 않았다. 알렉시스는 상대를 배려하고 존중해주는 사람이었다. 프랜치 바바리 코트를 입고 이태리 출장을 다녀오던 멋진 매니저. 개발부서를 통틀어 가장 전망 좋은 데스크를 가졌던 그녀. 첫날의 그 고마움은 인턴기간 동안 내가 그녀에게 충성을 다했던 이유가 되었고 덕분에 다른 직원에게는 미움을 사기도 했다.

I get paid, I get experienced *나는 월급 받잖아, 저는 경험을 받잖아요*

일이 많은 시즌이었다. 퇴근시간이 훨씬 지났지만 정신없이 돌아가고 있었다. 나도 종종거리며 주어진 업무를 하고 있었는데, 내 데스크 옆을 지나가던 매니저가 걱정스럽고 고마운 눈빛으로 말을 걸었다.

Alexis: 퇴근시간이 늦었는데 어떡하죠?

Aram: 괜찮아요. 다들 일하고 있는 걸요.

Alexis: I get paid 나는 월급이라도 받잖아요.

Aram: I get experienced 저는 경험을 받잖아요.

Alexis: 그것 참 긍정적인 생각이네요, 아람 씨, 고마워요.

알렉시스와는 코드가 좀 통했던 것 같다. 백인들 틈에서 숫기도 별로 없는 내가 이곳에서 좋은 기억을 주려면 어떻게 해야 할까. 난 그저 성실히 열심히 눈이 빠지도록 했다. 한국인의 특기! 무조건 성실히 하기. 그것이 통했던지 나중에 알렉시스가 나에게 추천서를 써주게 되었는데 거기에 나에 대해 이렇게 적어두었다.

Extremely hard worker 아주 열심히 일하는 직원

뭐 그렇게 내가 원하던 직원상은 아니지만 적어도 난 캐릭터를 만드는데 성공했다. 뉴욕에서는 캐릭터가 없으면 안 된다. 그게 유머든 뭐든 간에. 난 한국인이 가장 잘하는 성실을 무기로 삼았다.

이외에도 지원할 수 있는 부서는 무궁무진하다. 웹사이트를 잘 살펴보고 나와 연결 지어 스토리를 만들 수 있는 부서가 어디인지를 생각해 보아야 한다. 인턴 선발 시 모마가 가장 비중 있게 보는 부분은 아마도 에세이가 아닐까 싶다. 남들이 쓰는 그저 그런 에세이는 시간 낭비이다. 스토리를 만들어야 한다. 평소의 작은 관심과 경험이 스토리를 만드는 것이고, 진심이 스토리에 감동을 더해준다. 이 많은 부서들 중 원하는 부서 세 개를 선택하고 그 부서에 대한 나의 관심과 자격요건을 보여야 한다. 보여 지기 위한 모든 글은 전략적으로 써야 하니, 큰 그림을 먼저 그리고 세부적으로 글을 써 내려가는 방법을 권한다.

Tip 메트로폴리탄 인턴 지원

메트로폴리탄 미술관은 인턴지원 시 선택권이 별로 없다. 세 개의 부서를 지원할 수 있는 모마와는 달리 한 개의 부서 정도만 지원할 수 있기 때문에 신중을 기해야 한다. 확실히 메트는 모마와 달리 분위기가 엄숙하다. 격식을 중요하게 생각하고 변화를 싫어하며 전통에 충실하려 하는 미술관이다. 이런 미술관일수록 글에 예의를 다하고 미술관이 인턴에게 바라는 것이 무엇인지를 생각해 보아야 한다. 전통을 지키고자 한다는 것은 미술관의 작은 구석구석까지 자부심을 느끼지 않는 곳이 없다는 것을 의미한다. 그 자부심을 지키고 전통을 훼손하지 않을 만한 보증된 사람을 선호한다. 메트는 특히나 추천서의 영향이 크게 작용한다. 미국은 학생이 어디에 지원할 때 교수나 직장상사의 추천서가 필요하고 그것이 당락에 절대적인 작용을 한다. 메트와 같은 곳은 더욱 그러하다. 운 좋게도 메트 인턴 지원에 앞서 모마에서 인턴을 하고 있었던 나는 모마 매니저에게 충심을 다한 결과로 훌륭한 추천서를 받을 수 있었다.

Met 인턴십 지원부서

메트의 부서는 무려 41개나 된다. 41개라니 정말 입이 떡 벌어진다. 41개의 찬란한(?) 부서들에 주눅이 들어 난 계획을 하향 수정했다. 일단 메트에 들어가고 보자는 심산이었다. 모마에서 자원 봉사한 경험을 살려 전시고객서비스 Visitor Service 부서에 지원을 하기로 마음을 먹었다. 현명한 선택이었는지 아쉬운 선택이었는지는 아무도 모르지만, 어쨌든 나는 메트 발 들이기에 성공했다. 현지에서 지원한 나와는 달리 한국에서 지원하는 학생들이 많이 있을 것이라 짐작된다. 한국 미술사를 전공하는 한국의 대단한 미술사학도들이 이곳에 입성하여, 특히나 한국관에 새로운 흐름이 생기길 개인적으로 기대한다.

사실 메트에서 가장 아쉬운 곳이 있다면 아마도 한국관 일 것이다. 역사의 깊이만큼 방대하고 화려한 중국관, 그리고 서정성이 돋보이는 일본관과는 달리 작품의 양도 테마도 부실한 한국관은 이 양대 아시아 국가 사이에서 색깔을 나타내지 못하고 있다. 중국관은 아시아 예술관 중에서도 가장 빈번히 특별전이 열린다. 한 시대나 왕족에 주제를 두고 자세하고 친밀한 전시를 한다. 특정 왕족이 쓰던 물건이나 그 시대의 특정작품을 조명하여 좀 더 인간적인 이해를 이끌어 낸다고나 할까? 메트로폴리탄에서 열리는 중국 미술 특별전은 정말 대단한 수준이다. 숨을 내쉬기가 무서울 정도로 압도되는 그들의 역사와 예술의 깊이는 전시관 구석구석 배어있다. 이런 전시가 우리 한국관에서도 열리길 희망하며 한국 미술사 학도들의 도전을 응원한다.

2. 영문 레쥬메 쓰기 _ 경력이 없는데 뭘 쓰지? 나만의 이력서 그리기

이력서는 한글로 쓰든 영어로 쓰든 골치 아픈 작업이다. 한번 써 놓은 이력서를 여러 회사에 지원할 때 써 먹고 싶은데 그렇게 했다가는 어찌 그리도 귀신같이 알고 연락이 안 오는지. 별것 아닌 거라 우습게 보다가는 불합격의 지름길이 되는 것이 이력서 작성이다.

영문이력서는 보통 커버레터와 함께 동봉하여 보낸다. 요즘은 이메일로 보내는 경우가 많아서 우편으로 보내는 예가 줄었지만, 나는 이메일로도 보내고 우편으로도 보내는 방법을 선호한다. 이메일로 보낼 때에는 첨부파일로 보내는 것보다 이메일 본문에 커버레터와 이력서를 바로 넣어 보내는 것이 유리하다. 담당자의 시간을 줄일뿐더러 첨부파일을 여는 수고를 덜어 줄 수 있기 때문이다.

우편으로 보낼 때에는 봉투에도 신경을 써야 한다. 자필로 주소를 써버리면 대단한 필체의 소유자가 아니고서야 보기에 그리 좋지도 않고 프로페셔널한 느낌이 없어 뜯어보지 않을 확률이 높다. 이런 위험한 상황을 막고자 고맙게도 마이크로소프트 워드 프로그램에는 편지봉투나 레이블을 만드는 기능이 있으니 활용해보자.

봉투가 만들어졌다면 이제 본격적으로 이력서 작성을 해보자. 일단 구글에서 'resume sample'을 검색하면 각종 영문 이력서 샘플을 볼 수 있다. 이력서 샘플은 이미지 정도만 볼 수 있는 것들이 많아서 이 작업을 통해서는 내 이력서를 어떤 형식으로 쓸 것인지 정도의 대략적인 그림만 그리면 된다. 본격적으로 이력서를 써 내려가고 싶은데, 아직 학교도 졸업하지 않았고, 자격증도 없고, 도대체 무엇으로 이력서의 많은 줄들을 채우는가가 가장 큰 고민이다. 만약 작성하는 이력서가 첫 이력서라면 고등학교, 아니 유치원 때의 경험이라도 꺼내어 글로 만들어 내야 한다. 먼저 생각해야 하는 것은 내가 어디에 지원을 하는가이다. 지원하는 부서에 최대한 어필할 수 있는 경력을 생각해서 나열해 본다.

리스트 1. 성당에서 한 봉사활동
리스트 2: 모마에서 한 봉사활동
리스트 3: 파트타임 했던 경험

'사무보조랑 회계보조를 작은 회사에서 해봤고,
변호사 사무실에서 리셉션도 좀 봤지.'

생각해 보니 몇 가지가 나오기는 한다. 이제부터 해야 할 작업은 무엇을 했는지를 간결하게 적는 것. 한국말이라면 별문제 없이 적겠는데 영어라 골치가 아프다. 사실 무슨 일을 했는지 기억도 나지 않는다. 일단, 'Job Title'을 어떻게 쓸 것인지 정해야 한다. 한국말로 '직함'. 사무보조니까 'Office Services'가 좋겠군. 회계보조는 말 그대로 'Accounting Assistant'. 변호사 사무실에서 리셉션 본 것은 'Attorney Assistant?'라고 하려니 뭔가 전문성이 좀 떨어져 보인다. 아, 맞다! 'Legal'이라는 좀 있어 보이는 단어가 있지. 'Legal Assistant'. 완벽해. 미국식 직함에 익숙하지 않다면 무조건 이력서 샘플을 많이 보는 게 방법이다. 보다 보면 응용력도 생기고 경력이 제로에 가까운 상태에서는 그 어떤 직함으로도 변신할 수 있으니 말이다.

이제 직함이 완성되었으면 업무내용을 적을 차례다. 업무 내용은 영어로 'Job Description' 혹은 'Job Duty'이다. 또다시 마법의 요정 구글을 불러보자. 구글에서 'Accounting assistant's job description'을 치고 검색해 본다. 고민할 필요도 없이 검색 결과 중 하나를 클릭! 이제는 정보의 홍수 속에 즐거워할 일만 남았다. 잘 읽어 보고 가장 무난한 내용들을 선택하면 완료!

업무내용을 알아내는 또 다른 방법은 지원하고자 하는 회사나 미술관의 홈페이지에서 직원채용 Job opportunity 란을 살펴보면 힌트를 얻을 수 있다. 대부분의 미술관들은 직원에 대한 요구사항을 웹사이트에 명시하고 있으므로 이를 이용하면 이력서 작성에 도움이 된다.

이력서 작성을 마쳤다면 다음은 본격적인 커버레터 작성이다. 커버레터는 일종의 자기소개서이지만 자기소개서와는 그 성격이 좀 다르다. 이력서에서 중요하게 어필하고 싶은 한두 개를 문장으로 부드럽게 표현해내는 과정이다. 인터넷에서 쉽게 찾을 수 있는 커버레터의 전형에서 크게 탈피하지 않되 그 사이사이 자신의 성격을 글로 보여야 한다. 가장 중요한 것은 통상적인 포맷 속에서 어떻게 나를 보여주는가이다. 대부분의 사람들은 커버레터에서 대단한 것을 기대하지 않는다. 그렇기 때문에 형식적인 커버레터에서 오히려 톡톡 튀는 지원자의 열정과 센스가 느껴진다면 스펙이 화려한 이력서보다도 좋은 효과를 기대할 수 있다.

3. 영문 에세이 쓰기 _ 남들이 다 쓰는 그런 이야기는 No! 나만의 스토리 만들기

아주 애석하게도 좋은 에세이 쓰는 것에 지름길은 없다. 그저 열심히 생각해 보는 것 밖에는. 많은 글을 보고, 많이 생각하고, 많이 써 볼수록 에세이 쓰는 능력은 길러진다. 다만 한 가지 팁이라면 무조건 남과 달라야 한다는 것이다.

모마 인턴십 지원 시 제출해야 하는 에세이는 현재 2개이다. 1번은 필수 에세이이고 2번은 둘 중에 관심 있는 질문을 선택해서 써 내면 된다. 에세이를 쓴다는 것은 항상 부담스러운 일이다. 특히나 입사를 지원할 때에는 보통 뻔한 질문에 답을 해야 경우가 많기 때문에 안간힘을 써보지만 결국 식상한 글이 되는 경우가 많다.

하지만 그렇게 되지 않기 위해 우리는 남들과 다른 그 한 가지를 기필코 생각해 내어 물고 늘어져야 한다. 그것이 에세이의 형식일 수도 있고, 내용일 수도 있고, 어떤 경우에는 에세이의 제목이 될 수도 있다. 무엇이 되든지 간에 나만의 독특한 무엇을 찾아 읽는 이가 감동하도록 만드는 수밖에 달리 방법이 없다.

모마 인턴십 지원 시 제출했던 에세이

Why are you interested in participating in an internship at the Museum of Modern Art? 왜 뉴욕 현대미술관 인턴십 참여에 관심을 가지십니까?

이 질문에 대한 나의 대답은 '첫사랑'이었다.

The First Love

The first reason that I am most interested in Museum work is because a museum is the most valuable reflection of our contemporary, everyday life. We live in a world of such high-speed development that we do not even clearly recognize the results of these changes. Museums provide spaces in which this story of fast-paced evolution can be presented through visual means that articulate powerful social themes that many of us sense, but find it difficult to personally articulate. Because it is our nature to be primarily visual learners, museums are particularly effective tools in redirecting social trends and representing contemporary life.

제가 미술관 업무에 흥미를 가지는 첫 번째 이유는 미술관이야말로 우리들의 일상을 돌아보는 거울이기 때문입니다. 변화가 너무 빨라 변화하는 것조차 감지하기 어려운 현대 사회 속에 우리는 살고 있습니다. 이런 빠른 진화나 변화 때문에 보통의 우리는 지각조차 하기 힘든 현대 사회의 이야기를 미술관은 시각 매체를 통해서 그려냅니다. 개인이 감지하기 힘든 사회 현상을 미술관은 시각 매체를 통해서 대변하고 있는 것입니다. 게다가 인간은 시각적으로 무언가를 가장 효율적으로 습득하는 존재이기에 이런 미술관의 현대 사회 재조명은 특히나 더 효과적으로 대중에게 다가가게 됩니다.

  The second reason is that visiting a museum is a liberating form of recreation that welcomes, enlightens, and respects its participants. Visitors come to museums knowing that they can expect to receive a high level of hospitality and appreciation. This customer service is an integral part of the entire experience- it is what puts the visitor at ease in order to better observe, appreciate, and learn. Besides through inter-personal interaction, museums respect their visitors through their space (a valuable commodity, especially here in New York!) and freedom of movement. Visitors are able to move as they wish based on their own interests. They are not intended solely for the elite or the intellectual, but rather anyone can simply visit without complicated reservations or prohibitively expensive ticketing. It is a place that welcomes all who wish to enter.

  둘째, 미술관을 찾는 이들을 환영하고, 즐겁게 하고, 그리고 존중하는 가장 자유로운 형태의 레크리에이션이기 때문에 저는 미술관 업무를 좋아합니다. 방문객들은 미술관에서 그들이 받을 수 있는 최고 수준의 호의와 친절을 기대합니다. 그렇기에 방문객이 작품을 관찰하고, 감상하고, 그리고 배우는데 있어 가장 편안한 상태를 만드는 전시 고객 서비스는 미술관 방문의 가장 중요한 부분이기도 합니다. 이런 개인간의 상호작용 이외에도, 미술관은 공간과 움직임에 대한 자유를 통해서 방문객에게 존중을 표현하기도 합니다(특히 이 뉴욕에서는 효과적으로 사용되는 점이죠!). 방문객들은 관심사에 따라 원하는 어느 곳으로도 발걸음을 옮길 수 있습니다. 일부 엘리트 지식인들을 위한 것이 아닌, 비싼 티켓으로 방문객에게 차등을 주는 것이 아닌, 복잡한 예약 절차가 있는 것이 아닌, 누구라도 들어올 수 있는 그런 곳이 미술관입니다. 그리고 미술관은 그런 누구라도 환영합니다.

Finally, the reason that I feel particularly connected to the Museum of Modern Art is because my understanding and appreciation of art has developed through visiting MoMA. Living in New York, I have had the advantage of being able to spend time at MoMA as often as I wish. My interest in modern theory began with MoMA's gallery talk. Naturally, I love to go to MoMA whenever I feel happy, whenever I feel blue, and whenever I need to be appreciated, because MoMA is one of the leading museums that welcomes, enlightens, and respects its participants. I often sit down at the Sculpture Garden enjoying beautiful weather and the architecture around the museum. I feel so fortunate that I have been able to experience so much in this incredible facility. MoMA has become a part of my life and I am happy to see the reflection of my contemporary life that MoMA represents through visual means. I strongly look forward to being able to show my appreciation for all that MoMA has brought into my life by assisting the museum in any way possible as an intern.

마지막으로 제가 특히 뉴욕현대 미술관에 관심을 가지는 이유는 모마를 방문하면서 미술에 대한 감상과 이해를 시작했기 때문입니다. 뉴욕에 산다는 이점으로 원할 때마다 모마에서 시간을 보낼 수 있었습니다. 근대 이론에 관심을 가진 것도 모마의 갤러리 토크를 통해서였습니다. 기쁠 때나 슬플 때나 혹은 존중 받고 싶어지면 저는 모마에 왔고 모마에서 환영 받고, 즐거워했고, 그리고 존중 받았습니다. 날이 좋으면 종종 조각 정원에 앉아 미술관을 둘러싼 건물들을 즐겁게 바라봅니다. 이런 엄청난 기관을 이용할 수 있다는 사실에 그저 축복 받았다는 생각을 하면서요. 그러는 동안 모마는 제 삶의 일부가 되었고 제 삶의 일부가 모마를 통해서 조명되었다고 생각합니다. 모마가 저에게 가져다 준 모든 것에 감사하며 가능하다면 이 인턴십 기회를 통해 제가 할 수 있는 한 모마에게 보답하고 싶습니다.

이 에세이에서 내가 내세울 거라곤 '모마가 나의 첫사랑'이었다는 것이었다. 제목이 첫사랑이니 일단 읽어보고 싶은 제목이었을 것이다. 모마가 훌륭한 미술관이라는 것은 자타가 공인한 일이니 모마의 좋은 점을 에세이에 열거해 보았자 모마 직원이 읽기에는 그 나물에 그 밥일 것이라 생각했다. 대신 나는 모마가 왜 나에게 좋은지를 열거했다. 다른 누구도 아닌 자신에게 모마가 좋은 이유를 열심히 생각하다 보면 분명 답을 찾을 수 있을 것이다.

4. 추천서 받기 _ 강력한 한 방!

모마에서 인턴근무를 하면서 충성을 다했던 결과로 훌륭한 추천서 한 장을 받을 수 있었다. 한국인 정신으로 무조건 열심히 하던 나는 무식하게 열심히 하는 인턴이라는 캐릭터 굳히기에 성공(?)했고, 그 캐릭터는 추천서에 의미 있는 두 줄을 만들어 주었다.

> Aram is bright, enthusiastic, and an extremely hard worker. It gives me pleasure to recommend her for an internship at the Met.
>
> Should you have any questions, please do not hesitate to contact me or my associate, Caroline Gerwitz, at (212) 708-9670 or caroline_gerwitz@moma.org.
>
> With best wishes,
>
> Alexis
>
> Alexis E. Ferguson
> Manager of Corporate Membership
> **The Museum of Modern Art**
> 11 West 53 Street
> New York, NY 10019

"아람 양은 밝고 열정적이며, 아주 열심히 일하는 직원입니다. 이에 메트로폴리탄 미술관 인턴십에 추천할 수 있어 개인적으로도 무척 기쁘게 생각합니다."

이 추천서 덕분에 메트로폴리탄 인턴이 되었고, 후에 모마에서 정직원으로도 일을 하게 되었다. 한국으로 귀국을 하게 되어 퇴사하게 되었는데 당시 나를 아껴주시던 부서 매니저가 써 준 추천서에서 잊지 못할 한 줄이 있었다. 말없이 묵묵히 일을 하던 나를 유심히 지켜보던 Jim은 내가 퇴사를 한다니 자청해서 추천서 한 장을 써 주었다. 그리고 그 마지막에는 잊지 못할 고마운 한 줄이 적혀 있었다.

> We wish Aram the best of luck in her endeavors. She has been a valuable part of our staff and will be missed by all.
>
> Sincerely,
>
> Jim Orr
> Lobby Manager
> MoMA

"아람 양은 우리 스텝의 중요한 일부였고, 모든 이들이 그리워할 것입니다."

우리는 추천서의 이런 한두 줄을 위해 열심히 한다. 그리고 미국에서 추천서의 의미 있는 한두 줄은 그 어떤 보증서보다도 강한 작용을 한다.

5. 영어 인터뷰 _ 당당하고 자신 있게 초대를 즐겨라

다리를 꼬고 앉아도 되는 인터뷰를 상상할 수 있을까? 한국에서는 상상이 잘 안 되는 그림이다. 상상조차 안 되는 이런 그림이 말이 되는 곳은 놀랍게도 모 마였다. 다리를 꼬고 앉았기 때문에 건방질 것이라던가, 다리를 꼬고 앉았기 때문에 일을 소홀히 할 것이라는 선입견은 나와 인터뷰를 했던 그 어떤 인터뷰어 interviewer의 얼굴에서도 찾아볼 수 없었다. 물론 오래된 우리 한국의 예의와 격식을 폄하하고자 하는 것은 아니다. 다만 우리가 상상도 할 수 없는 자유롭고 당당한 인터뷰가 이루어진다는 것에 대한 개인적인 놀라움과 부러움이 있을뿐이다. 인터뷰이interviewee를 환영해주기 위해 인터뷰어가 직접 로비까지 마중을 나와주는 그들의 고마운 초대에 감사하며 당당하게 그 초대를 즐겨보자.

첫인상은 꽤 강렬해서 어떤 인상을 주었던지 간에 그것이 바뀌기까지는 오랜 시간이 걸린다. 그렇기에 상대와 처음 만났을 때 풍기는 첫인상은 특히나 인터뷰에서 중요한 역할을 담당한다. 인터뷰 담당자가 나를 마중하러 로비까지 내려 왔고 그 혹은 그녀와 처음 대면하는 그 순간, 무슨 말을 어떻게 할 것인지는 참고 민되는 부분이다. 첫 순간을 어찌어찌 넘겼다 하더라도 인터뷰어를 따라 인터뷰 장소까지 이동하는 엘리베이터 안이라든지 복도에서 함께 걷는 짧은 시간은 또 어떻게 대처해야 할지 난감하기 그지없다.

이럴 땐 준비와 모방만이 살길이다. 어떻게 첫 인사를 건넬 것인지 가벼운 짧은 대화는 어떤 내용으로 해야 서로에게 부담이 없고 나에 대한 유쾌한 인상을 줄 것인지 사전에 생각해보고 필요하다면 좋은 모습을 따라 하는 것도 필요하다.

----------- How do you do?

내가 가장 좋아하는 인사말은 영화 「로마의 휴일」에서 오드리 햅번이 로마를 떠나면서 참석하게 된 마지막 기자회견에서 기자 한 사람 한 사람과 인사를 할 때 건넨 인사말이다. 영화 속에서 오드리 햅번은 기자들에게 악수를 청하면서 'How do you do?'라는 격식 있고 우아한 인사를 한다. 영화를 몇 번이고 보아도 좋게만 들리는 이 인사말을 꼭 써먹어보고 싶은데 미국에서, 특히나 내 나이와 위치에서 쓰기는 좀 과한 인사라 써 볼 기회가 없었다. 영어를 배우는 순간부터 녹음기처럼 따라다녔던 지겨운 'Nice to meet you'에서 좀 벗어나고 싶은데 좀처럼 좋은 표현이 귀에 들리지 않았다.

----------- It's very pleasure to meet you.

점심을 먹고 잠시 남는 시간에 메트로폴리탄 미술관 지하로비 벤치에 앉아서 시간을 보내고 있었다. 메트로폴리탄 지하로비는 직원들이 주로 많이 이용해서 방문객의 인파를 좀 피할 수 있는 곳이라 로비이지만 조용한 편이다.

로비 한쪽에서 검정색 양복을 말끔히 입은 금발의 백인 청년이 눈에 띄었다. 약간 긴장한 듯 보였지만 활짝 편 어깨와 당당한 자세에서 자신감과 열정이 엿보였다. 같은 처지에 여러 번 놓여봤던 구직자로써 동지(?)애가 확 밀려오면서 그가 어떤 행동을 하는지 관심이 갔다. 좀 지켜보고 있자니 아니나 다를까 직원 출입구 쪽에서 그를 마중 나온 한 중년여성이 걸어 나왔다.

Interviewer: You must be David.

Interviewee: Yes. It's very pleasure to meet you.

그 청년은 여성을 향해 당당하게 악수를 청하면서 'Nice to meet you'가 아닌 'It's very pleasure to meet you'라고 했다. 밋밋한 목소리가 아니었다. Very와 pleasure에 활기찬 강세가 들어가 있었다. 얼굴은 활짝 웃고 있었다. '만나서 반갑습니다'가 아닌 '만나서 정말로 기쁩니다'라는 표현을 선택한 그는 그 순간 그 자리에서 이 여성을 만나게 되어 인터뷰를 한다는 것에 대한 최고의 감사와 기쁨을 그 인사말을 통해서 표현하고 있었다. 이거야! 그 청년의 인사말은 내 머리에 확 꽂혔고 그 순간 나는 지겨운 'Nice to meet you'에 작별을 고했다.

"Bye, Bye, nice to meet you. Hello, very pleasure to meet you."

모마와의 첫 인터뷰어는 자원봉사부서 매니저였던 메간이었다. 'Thank you for coming'을 말해주었던 그녀에게 난 'Thank you for inviting'으로 답을 했고 뒤 이은 인사는 야심차게 준비한 'It's very pleasure to meet you'였다. 그녀를 따라 인터뷰 장소로 올라가면서 이루어졌던 짧은 대화는 할 말 많았던 낸시와의 에피소드였다. 메간이 먼저 대화를 끌어주어(나를 기다리게 한 점에 대해 좀 미안한 마음 때문이었던 것 같다) 난 적당히 웃으면서 응답만 해주면 되어서 잘 넘어갔다.

본격적인 인터뷰가 시작되고는 분위기가 조금 달라졌다. 메간 외에 제임스라는 부 매니저가 함께 인터뷰를 진행했다. 내가 깜짝 놀란 것은 인터뷰의 진행방법이었다. 일개(?) 자원봉사자를 뽑는 인터뷰인데 사뭇 진지했다. 게다가 메간은 내가 하는 말을 다 일일이 기록하였다. 인터뷰이가 하는 말을 진지하게 경청하면서 동의를 표현해주기도 하였고 기록도 꼼꼼히 하였다. 떨리고 긴장되는 딱딱한 인터뷰가 아닌 존중 받고 그 시간에 최선을 다하고 즐길 수 있는 고마운 인터뷰로 기억된다.

이런 인터뷰는 두 번의 모마와의 다른 인터뷰에서도 비슷하게 이루어졌다. 물론 질문의 내용이라던지 인터뷰의 스케일은 좀 달랐지만(직원채용 때에는 5명의 매니저들이 로테이션식으로 돌아가면서 두 명씩 혹은 한 명씩 들어와서 인터뷰를 했다) 지원자를 존중하는 분위기는 다를 바가 없었다.

섹스 앤 더 시티의 세련된 캐리처럼
I had my moment there

대부분의 사람들이 상상하는 뉴욕의 모습은 '섹스 앤 더 시티'의 화려한 캐리의 일상과 비슷한 모습일 경우가 많다.

스타벅스에서 "tall, decaf, cappuccino"를 세련되게 주문하고 바쁜 듯 뉴욕의 거리로 향한다. 그녀가 걷는 길은 다름 아닌 맨하탄 최고의 거리, 어퍼 이스트. 에비뉴와 에비뉴 사이에 조용히 자리한 스트릿들 위에 즐비한 고급 맨션들로 가득한 곳. 거리는 예쁘게 정돈되어 있고 거리에 사람들은 다 여유롭다. 점심은 센트럴 파크에서 호수를 바라보며 올가닉 샌드위치를 즐긴다. 저녁을 바라보는 오후, 뉴욕의 옐로캡을 타고 어디론가 향하는 그녀. 택시기사에게 몇 불의 팁을 내고 오후의 햇빛에 눈이 부신 듯한 표정으로 내린 곳은 다름 아닌 메트로폴리탄 미술관. 오후의 칵테일파티를 즐기러 가는 길일까.

드라마 속 주인공은 언제나 멋지다. 일상이 그녀의 삶처럼 하나하나 다 멋지면 좋겠지만 현실은 그와 다를 때가 대부분이다. 그런데 평범하기만 했던 나의 뉴욕생활 속에서도 생생히 기억되는 반짝거리는 순간이 있었다. 바로 메트로폴리탄 미술관 정문 앞에서 오후의 햇살에 눈이 부신 듯한 표정을 지으며 옐로캡 드라이버에게 후한 팁을 주며 내렸던 바로 그 순간이다.

길거리 자판대에서 99센트짜리 커피를 사려고 "two sugar and one milk, please."를 외치며 싸구려 입맛을 자랑한다. 넘치게 담긴 커피를 흘릴까 엉거주춤하며 향하는 곳은 정신없는 42가의 거리. 관광객과 그들을 잡으려는 상인들로 가득한 곳. 점심은 가방 속에서 이리저리 굴러다니다

> 뉴욕은 바둑판처럼 정렬이 잘 되어 있어서 건물이름을 말하기보다는 에비뉴와 스트릿 넘버로 가는 목적지를 전달한다.

찌그러져버린 집에서 만든 샌드위치. 가까운 공원벤치에서 급하게 먹는다. 오후 무렵, 서둘러 지하철을 타보지만 42가에서 시작한 나의 여정은 82가까지 멀게만 느껴진다. 조급한 마음에 큰맘 먹고 옐로캡을 탄다. "Fifth and 82nd, please" 꽉꽉 올라가는 미터기가 야속하지만 오늘만은 그냥 즐기란다. 나도 드라마 속의 캐리처럼. 곧 웅장하고 클래식한 메트를 배경으로 한 옐로캡이 정차한다. 오후 햇살이

눈부신 듯한 표정을 지으며 내리는 그녀는 다름 아닌 나. 드라마 속 캐리처럼 멋지게 택시에서 내려 총총거리며 미술관 입구로 향하는 계단을 올라갔다. 그 짧은 3분 동안 생각했다. 이게 뉴요커의 순간이구나. I had my moment there.

3분 동안 내가 느낀 감정은 참 강렬해서 아직도 그 순간이 생생하다. 평범하다 못해 지루하기까지 한 내 일상 속에서 만난 그 짧은 순간은 참 오래도록 반짝거림으로 기억된다. 그 3분의 반짝거림은 메트와의 인터뷰를 당당하게 즐기게끔 해주었고 무섭게 생긴 메트 디렉터와의 대화에서도 내가 주눅 들지 않을 수 있었던 이유가 되었다.

웃지도 않고 딱딱하게 굴던 그녀도 차츰 마음을 풀었고 인터뷰가 끝났을 때에는 친히 나를 로비까지 배웅해주었다. 그 순간에는 그랬다. 채용이 되던 안 되던 이런 시간과 대우를 받을 수 있음에 기뻤다. 초대해준 그들은 접대를 훌륭히 해주었고 난 그 초대에 응해서 즐거운 시간을 보내다 왔다. 적어도 당신에게 인터뷰 제의가 왔다면 그 제의가 온 시점까지의 당신의 노력을 칭찬해주고 초대를 기쁘고 당당하게 응하는 인터뷰어가 되어 보면 어떨까.

6. 영어가 관건이다 _ 하루 종일 구사하는 영어단어가 과연 몇 개나 될까? 문제는 많이 아는 것이 아니라 어떻게 말하는가다. 매너 있는 영어하기

영어가 제2외국어인 나로서는 말과 글이 특히나 중요한 역할을 하는 미술계에서 살아남기 위해서는 많은 고민을 해야 했다. 단순히 직업을 위해서 뿐만 아니라 언어는 그 사람의 얼굴이나 다름없기 때문에 자신을 관리하는 차원에서도 언어구사에 각별한 노력을 해야 함이 마땅하다. 아무리 잘 차려 입은 사람이라 할지라도 그 사람이 쓰는 언어가 그 차림새에 맞지 않다면 차림새는 정말 차림새에 불과하게 되니 말이다.

한국과 마찬가지로 미국 미술계에서도 여성이 차지하는 비율은 압도적이다. 거기다 대부분이 다 석사 이상의 고학력자가 많아서 아닌 사람도 있지만, 개중에는 까다로운 성격의 소유자도 더러 있다. 언어사용에 있어서 특히나 민감한 몇몇 사람들은 어디에나 있고 '아' 다르고 '어' 다른 한국말 못지않게 'a' 다르고 'b' 다른 영어의 뉘앙스를 잘 캐치하지 못했던 나는 알게 모르게 실수를 하곤 했다.

관광객과 이민자에 익숙한 나라, 그리고 세계의 인종이 모여드는 뉴욕이기에 어눌한 발음과 표현의 외국인들에게 그나마 좀 관대한 편이다. 하지만 영어를 알아가면 알아갈수록 예전에 내가 누군가에게 저질렀을지도 모르는 만행이 목격되었고 나는 매너 있는 영어 구사하기에 노력을 기울여야 했다.

"I need this chair.
May I use this chair, please?

내가 목격한 첫 번째 만행은 어느 카페에서이다. 보더스라는 서점 2층에 딸린 카페였는데 아치형의 큰 창문이 좋아 자주 찾는 곳이었다. 게다가 2층 창문 맞은편으로는 한국영사관이 자리하고 있어 태극기를 볼 수 있는 반가운 곳이기도 하다. 아무튼 학교와도 가깝고 해서 자주 이용하던 서점이자 카페였다. 그날도 별 생각 없이 카페 테이블 중 가장 크고 넓은 곳에 노트북과 책을 펼치고 진을 치고 있었다.

갑자기 젊은 일본인 관광객들이 우르르 들어오더니 테이블을 잡고 앉기 시작했다. 5명 정도의 일행에게 당연히 한 테이블에 배당된 2개의 의자는 부족했고 나같이 혼자서 자리를 차지하고 있는 사람에게 의자를 부탁하러 다니기 시작했다. 나도 예외가 아니어서 그들 중 한 명이 다가오는 것이 보였다. 쓰지 않는 의자에는 내 겉옷과 가방이 놓여 있었고 그녀가 부탁을 하면 난 흔쾌히 내 짐 꾸러미를 치우고 의자를 내어줄 요량이었다. 그런데 갑자기 기분이 확 나빠져 버렸다. 물론 영어가 익숙하지 않은 일본인 관광객의 입에서 나온 말인지라 이해하고 넘어

갔지만 기분이 썩 좋지 않은 건 어쩔 수 없었다.

그녀는 내게 다가오더니 내 의자에 손을 걸치고는 이렇게 말했다. "I need this chair^{이 의자가 필요합니다}." 물론 아무런 하자 없는 완벽한 영어이다. 하지만 부탁을 하는 상황에서 이 문장은 의자를 내주지 않으면 맞짱이라도 뜰 기세로까지 느껴졌다. 그 순간 내 뇌리에는 '아, 과거의 어느 순간 나도 이런 실수를 했겠구나' 하며 낯이 확 뜨거워졌다. 그녀의 그 한 문장은 내게 많은 것을 생각하게 해주었고 그 뒤로 나는 혹시나 하게 되는 실수를 미연에 방지하고자 과도한 please와 과도한 May I를 사용하는 버릇을 갖게 되었다. 내가 감지 못하는 미묘한 뉘앙스 때문에 실수를 하느니 차라리 과도한 정중이 낫다고 판단했기 때문이다.

May I use this chair, please?

Yes, please.

영어에 높임말이 없음은 참 다행이다. 덕분에 please 하나만 가지고도 존중의 표현을 다채롭게 할 수 있으니 말이다. Please를 사용하면 상대를 존중하기도 하지만 나 스스로도 매너 있는 사람이 될 수 있다. 매너 있는 영어 말하기는 전혀 어려운 일이 아니다. 한국어처럼 여러 종류의 높임말이 있는 것도 아니고 그저 우리가 일반적으로 알고 있는 단어나 문장에 단순히 please를 붙이기만 하면 지금 하고 있는 영어에서 한 단계 업그레이드 된 매너 있는 영어를 할 수 있다는 사실이 놀라울 뿐이다.

Please를 붙이는 작업이 꼭 격식 있는 곳에서만 이루어져야 하는 것은 아니다. 미국인들, 특히 백인들의 대화를 잘 들어보면 조그마한 델리 가게, 공공기관, 스타벅스 등등 어디에서나 please는 생활화가 되어 있다.

스타벅스에서

Server: Would you like whip cream on top?^{음료 위에 크림 올려드릴까요?}

Aram: Yes, please. Thank you^{네. 그래 주시면 감사하죠}.

please. Thank you 그렇게 부탁드리겠습니다. 감사합니다.

우스개 소리지만 입장을 바꾸어 내가 스타벅스 직원이라면 나는 단순히 Yes라고 대답해 주는 손님과 Yes, please라고 대답해주는 손님 중 후자에게 크림을 더 올려줄 것 같다. 때로는 Yes를 생략하고 그저 Please만으로도 대답이 가능하다. 여기서 Please의 뜻은 '부탁 드리겠습니다'이다.

Can you~ please?

영어가 제2외국어라면, 그리고 특히 영어가 익숙하지 않다면 당분간 당신이 가장 많이 사용하게 될 영어문장은 의문문일 것이다. 잘 들리지 않아 이해하기도 어렵고 그렇다고 문화가 익숙해서 말없이 척척 행동할 처지도 아니다. 그래서 한동안은 의문문이 하루의 대화에 큰 부분을 차지하게 된다. 의문문도 예외가 아니어서 문장의 앞, 뒤 구분 없이 please를 붙이면 듣기 좋은 영어가 된다.

다시 말씀해 주시겠어요?

Aram: I'm sorry, but can you please repeat that? Thank you
죄송합니다만, 다시 한번 말씀해 주시겠어요? 감사합니다.

Person A: Oh, absolutely. What I just said is that~
물론이죠. 제가 방금 말씀 드린 것은~

웃는 얼굴에 침 못 뱉는다고 아무리 바쁜 뉴욕이지만 미안하다 I'm sorry, but 로 시작해서, 부탁합니다 can you please를 거쳐 감사하다 thank you는 인사로 마무리하는 예의 바른 말에 눈살을 찌푸릴 사람은 찾기 어렵다.

Pardon me?

영어를 하다 보면 상대가 혹~ 하고 빨리 이야기를 해서 놓치게 되는 경우가 종종있다. 그럴 때마다 내 짧은 영어를 자책하여 얼굴이 붉어지고 가슴은 쿵쾅쿵쾅 뛰고 이후 모든 대화를 알아듣지 못하게 되는 끔찍한 경험을 하게 되기도 한다. 이런 끔찍한 경험을 피하고자 상대의 말을 못 듣거나 못 알아들었을 때 반사적으로 튀어나오는 말은 다름 아닌 'What?'일 경우가 허다하다. '방금 무엇을 말하셨나요?'에서 '무엇'만 떼서 급하게 쓰는 말. 그런데 가만히 네이티브들이 사용하는 말을 들어보면 'What?'을 사용하는 경우는 극히 드물다는 것을 느끼게 된다.

멍 때리면서 무방비 상태로 있는 당신에게 누군가 솰라솰라 영어를 해대어 듣지 못했다 치자. 급한 마음에 'what?'을 말하는 것보다는 'Excuse me?'나 'I'm sorry'를 말하는 연습을 해보라. 훨씬 당신의 영어가 부드러워질 것이다. 미국영어에서는 'Excuse me'가 일상적으로 많이 사용된다. 하지만 좋은 영어를 구사하는 사람들은 종종 'Pardon me'도 사용한다. 상대와 자신을 동시에 존중할 수 있는 멋진 표현이다. 'Pardon me?'로 부드럽게 되물을 수 있는 당신, 생각만 해도 멋지다.

영국신사? No. 한국신사? Yes.

모마에서 근무하고 있을 때 한 한국인 청년(이제 갓 20살을 넘긴 대학생인 듯 보였다)이 미술관에 처음 온듯 두리번거리며 도움이 필요한 표정을 짓고 있었다. 현장에 있던 나를 보고 같은 한국인이라 생각한 것인지 다가와서 일단은 영어로 질문을 했다. 더듬거리며 무엇무엇을 물었고 나는 성의껏 답변을 해주었다. 그런데 워낙에 비슷한 질문을 많이 받는 편인지라 나도 모르게 익숙한 문장이 입에서 상당히 빠른 속도로 튀어나와버렸다.

못 알아들어 당황한 표정이 역력한 그 한국인 청년은 놀랍게도 나에게 침착하게 되물었다. 'Pardon me?'라고. 나는 그 친구의 입에서 나온 듣기 좋은 한 문장이 참 인상 깊었다. 'Pardon me?'를 예의 바르게 사용하는 모습에 그저 흐뭇한 미소를 지어버렸다. 영국신사라는 말이 무색한 그야말로 한국신사였다. 단 한 문장으로 한국신사가 되어 버린 그 한국인 청년의 뒷모습에 괜히 내가 뿌듯해졌다.

Absolutely. Certainly. Definitely.

나는 대답을 할 때 너무 오버가 되지 않는 범위에서는 yes보다는 definitely 라는 표현을 즐겨 쓴다. 별것 아니지만 나의 이 대답을 듣는 상대가 기분이 좋기를 바라기 때문이다. 이 세 가지 대답 모두 '(확신에 찬) 물론이죠'라는 뜻을 지니고 있다. 이왕에 대답을 할 것이라면 확신에 찬 답을 상대에게 주는 것이 좋지 않을까. 대부분 yes로 대답 될 수 있는 답변에서 이 세 가지 표현이 대체 사용 가능하다. 부탁하는 사람에게 긍정의 답을 줄 것이라면 이왕이면 기분 좋게 확신에 차서 기쁜 듯이 답해보자. 상대는 더욱 고마워할 것이다.

Rachael: Would you do me a favor? 부탁 좀 들어 주겠어요?
Aram: Absolutely. Certainly. Definitely.

확신에 찬 세 가지 대답들을 사용할 준비가 되었나요? Absolutely, Certainly and Definitely!!!

이제껏 좋은 영어 말하는데 필요한 몇 가지 공식을 살펴보았다. 항상 공식은 간단하지만 대입은 쉽지만은 않다. 그러면 어떻게 이 간단한 공식을 내 영어에 활용할 것인가가 문제이다. 회화는 순식간에 일어나고 알아듣기도 힘든데 제대로 받아치는 작업까지. 머리가 아프긴 하다. 이런 생각이 들 때 나는 영어는 제2외국어에 불과하다고 당당해져 본다. 나는 대한민국의 시민권자로 한국어를 자유자재로 구사하는 한국의 시민이다. I speak English 영어를 말합니다 이지 I can speak English 영어를 말할 수 있습니다 일 필요가 없다.

어릴 적부터 우리에게 부담이 된 가장 안 좋은 영어문장 중 하나가 바로 이것이다. 영어는 할 수 있다 없다 I can speak English or I can't speak English 의 문제가 아니라 한다 하지 않는다 I speak English or I don't speak English 의 문제이다. Can you speak English? 가 아닌 Do you speak English? 가 인식되어야 한다. 이 인식이

되고 나면 이제껏 당신이 가지고 있던 영어에 대한 중압감이 사라지면서 여유를 가지게 될 것이다.

그 어떤 외국인도 한국인인 당신에게 완벽하고 빠른 영어를 기대하지 않는다. 그들이 기대할 수 있는 것은 진심이 담긴 좋은 영어이다. 비록 그 영어가 한 템포 늦더라 하더라도 말이다. 빠르고 유창한 영어를 기대하는 것은 우리끼리만의 경쟁의식이 아닐까.

Do you speak English? Yes, I do.

Epilogue

　이 책을 준비한 시간을 따져보니 횟수로 3년이다. 짧다면 짧고 길다면 긴 3년의 시간과 작별을 고해야 하는 오늘이 오길 고대하고 고대했건만 막상 오늘이 오니 내가 내 마음을 모르겠다. 문득, 그 3년의 시간 동안 나를 거쳐 갔던 수많은 장소들이 생각난다. 배낭을 메고 사진기를 들고 걸어 걸어 찾아 간 수많은 뉴욕 미술관들 그리고 모마와 메트로폴리탄. 얼마나 많은 감탄을 했으며 얼마나 행복했던지. 눈을 감으면 그때의 떨림과 흥분이 여전히 내 심장을 방망이질한다.

　어디 나를 거쳐 갔던 장소들이 미술관뿐이었겠는가. 먼저 영문으로 글을 쓰기 시작한 나는 뉴욕의 도서관과 웬만한 카페는 다 돌아다니고서야 영문 초고를 겨우 완성했다. 42가 도서관에서 좋은 문장을 만들어 내기 위해 머리와 감성을 쥐어짜던 그 시간들. 아무도 없는 모마 도서관에서 나 홀로 오렌지빛 등을 켠 채 써 내려갔던 글들. 그리고 1불 87센트짜리 커피 한 잔을 시켜놓고 하루 종일 민폐를 끼쳤던 어느 카페의 테이블. 갈 수만 있다면 그때 그 시간들로 돌아가 보고 싶다. 패기와 기대에 넘쳤던 시간들로. 그에 대한 그리움에 사무쳐 나는 귀국하자마자 부족한 글들을 모아 『New York Museums 49: Dynamic Guide to New York's Cultural Treasures 좋은땅』을 출간했다. 그리고 이제 『뉴욕 그리다, 빠지다, 담다』를 출간하게 되었다.

나는 20대를 침묵과 함께했다.
그리고 침묵을 통해 미술과의 소통을 얻었다.
비록 지금 잠시 그 침묵의 시간들에 안녕을 고하지만,
또 다른 침묵의 시간들이 나에게 찾아오길 기다리며 내 인생의 일장을 마친다.

박아람

어느 날 딸아이에게서 전화가 왔다.

"엄마, 허드슨 강 전체를 덮고도 남을 만한 거대한 무지개를 봤어!"

나는 딸이 보았을 아름다운 무지개를 상상하며 멀리 있어 늘 안타까운 딸에게 하느님께서 징표를 보여주신 것이 아닐까라는 생각을 했다. 허드슨 강변을 따라 걷고 있는 나의 딸의 길이 축복과 사랑의 길이라고. 나는 확신했다. 내 딸의 허드슨 강변 여정이 이렇게 책으로 엮이게 됨이 말할 수 없이 기쁘다. 허드슨 강변에서 딸이 보았던 무지개의 축복이 한강의 축복으로 이어지길 간절히 희망하며 엄마의 마음을 보태 본다.

— 엄마가

뉴욕
그리다, 빠지다, 담다
ⓒ박아람, 2013

초판 1쇄 | 2013년 4월 15일
글 · 사진 | 박아람
펴낸이 | 이금석
기획 · 편집 | 박수진
디자인 | 강한나
마케팅 | 곽순식, 김선곤
물류지원 | 현란
펴낸곳 | 도서출판 무한
등록일 | 1993년 4월 2일
등록번호 | 제3-468호
주소 | 서울 마포구 서교동 469-19
전화 | 02)322-6144
팩스 | 02)325-6143
홈페이지 | www.muhan-book.co.kr
e-mail | muhanbook7@naver.com
가격 15,000원
ISBN 978-89-5601-314-5 (13800)

이 책의 판권은 지은이와 도서출판 무한에 있습니다.
이 책 내용의 전부 또는 일부를 재사용하려면 반드시 양측의 서면 동의를 받아야 합니다.
잘못된 책은 교환해 드립니다.